류인식

시대의 선각자 혁신 유림

시대의 선각자 혁신 유림 류인식

초 판 제1쇄 인쇄 2009. 12. 21.
초 판 제1쇄 발행 2009. 12. 28.

지은이   박 걸 순
펴낸이   김 경 희

경 영   강 숙 자
편 집   박 수 용
디자인   이 영 규
영 업   문 영 준
관 리   강 신 규
경 리   김 양 헌

펴낸곳   (주)지식산업사
         본사 ● 413 − 832, 경기도 파주시 교하읍 문발리 520 − 12
              전화 (031) 955 − 4226~7 팩스 (031)955 − 4228
         서울사무소 ● 110 − 040, 서울시 종로구 통의동 35 − 18
              전화 (02)734 − 1978 팩스 (02)720 − 7200
         한글문패   지식산업사
         영문문패   www.jisik.co.kr
         전자우편   jsp@jisik.co.kr
         등록번호   1 − 363
         등록날짜   1969. 5. 8.

책값은 뒤표지에 있습니다.

ⓒ 안동독립운동기념관, 2009
ISBN 978 − 89 − 423 − 1130 − 9 03990
ISBN 978 − 89 − 423 − 0056 − 3 (세트)

이 책을 읽고 저자에게 문의하고자 하는 이는
지식산업사 전자우편으로 연락바랍니다.

시대의 선각자 혁신 유림

류인식

박걸순 지음

사람이 어려움을 겪지 않으면 지혜가 밝지 못하고

일은 모험을 하지 않으면 성공할 수 없다

어려운 것으로부터 쉬워지고 험난한 것으로부터 평탄해지니

평탄하고 쉬운 것은 다 험난한 것으로부터 생겨난다

류 인 식

흑 룡 강 성
길 림 성
요 녕 성
하얼빈시
취원창
아성현
주하현
밀산
한흥동
서란현
영안현
신민부(1925)
조선공산당 만주총국(1926.5)
동녕현
블라디보스토크
신한촌
권업회(1911)
장 춘
정의부(1925)
길림시
의열단(1919.11)
혁신의회(1928.12)
만보산사건토구회
조선혁명군(1929)
액목현
왕청현
북로군정서(1919)
대한국민회군(1920)
대한북로독군부(1920.5)
봉오동전투(1920.6)
반석현
한족노동당(1924.11)
전민족유일당조직
촉성대회(1928.5)
영길현
화전현
용 정
명동촌
간민회(1913)
훈춘사건
(1920.10)
삼원포
한족회(1919.1)
1919년 3월 12일
만세운동
대한독립단(1919)
추 가 가
경학사(1911.4)
유하현
휘남현
해룡현
고 산 자
신흥무관학교(1919)
서로군정서(1919.11)
청신리전투
(1920.10)
연길현
대한국민회(1919, 간민회)
1919년 3월 13일 만세운동
용정촌
청원현
팔리초 소백차
백서농장(1915)
▲ 백두산
심 양
중국공산당
만주성위원회
(1927.10)
동북인민혁명군
(1933.1)
신빈현
국민부(1929.4)
통화현
1919년 3월 12일
만세운동
광 화(합니하)
부민단(1912·1916)
신흥무관학교(1912)
환인현
대한통의부(1922.8)
집 안
참의부(1923)
관전
단동
신의주
평양
동 해
울릉도
독도
황 해
서울
안동
대전
안동인 거주지역
한인사회
단체
독립운동
독립군

책머리에

새 천년이 막 시작된 2000년 1월 어느 날, 안동대학교 김희곤 교수가 전화를 하였다. 내용인즉, 10월경에 〈안동 문화권의 1910년대 독립운동〉이란 주제로 한국근현대사학회 월례발표회를 안동에서 하려고 하니 동산 류인식의 《대동사(大東史)》를 분석하여 발표해 달라는 것이었다. 또 다른 주제로서 국민대학교 조동걸 명예교수가 백하 김대락의 망명일기를 분석하여 발표하기로 이미 약속이 되었다고 하였다.

필자는 한국근대사학사에 관심을 가지고 공부하고 있었기 때문에 곧 응낙하였다. 평소 동산의 《대동사》라는 책 이름 정도만 알고 있던 터라 다소 무리한 약속이었으나, 언젠가 한번은 논문으로 정리해 보고 싶었던 대상이라 주저하지 않았던 것이다. 필자와 동산과의 만남은 그렇게 시작되었다.

곧바로 동산선생기념사업회에서 1978년 활자로 간행한 《대동사》를 구해 읽기 시작하였다. 한문으로 된 470여 쪽 분량을 읽어내기란 여간 어려운 일이 아니었다. 엎친 데 덮친 격으로 오탈자가 적지 않았다. 따라서 원본인 등초본을 보지 않으면 안 되었다. 김희곤 교수를 통하여 등초본을 보관하고 있는 동산의 손자 류기원 선생과 연락이 닿았다.

류기원(柳基元) 선생은 이 같은 사정을 듣자마자 등초본을 보자기에 싸 가지고 당시 필자가 근무하고 있던 독립기념관 한국독립운동사연구소로 찾아왔다. 필자가 수원에 사시는 곳으로 찾아뵙겠다는 것을 완강히 만류하고 직접 찾아오신 것이었다. 자기 할아버지를 연구하겠다는데 본인이 오는 것이 도리라는 이유에서였다.

그분은 1920년생이니 당시 80이 넘은 노인이었다. 그러나 꼿꼿한 자세와 명철한 사리 분별은 그의 나이를 의심케 할 정도였다. 그분과 대화를 나누며 동산 선생의 모습을 그려 볼 수 있었다. 등초본은 가로 19, 세로 29센티미터 크기의 11책으로 되어 있고 모두 1,728쪽에 이르는 방대한 분량이었다. 류 선생께 복사를 해도 좋겠냐고 하였더니 선뜻 허락하셨다. 분량도 많고 제본을 하려면 시간이 필요하여 필자가 책임지고 며칠 맡아두기로 하였다. 워낙 귀중한 자료라서 보관증을 써드리려 하였으나, 선생은 손을 내저으시며 발을 돌리셨다. 《대동사》 등초본은 독립기념관에도 없는 자료라서 2부를 복사·제본하였다. 한 부는 독립기념관에 자료로 등록하고 한 부는 필자가 연구 자료로 활용하였다. 복사를 마치고 등초본을 돌려 드리려 류 선생께 연락을 했으나, 이번에도 당신이 굳이 독립기념관으로 내려오셨다.

이 등초본은 2004년 류 선생이 안동의 한국국학진흥원에 기탁하였고, 한국국학진흥원에서는 2006년 이를 표점 영인하여 상·하권으로 출판하였다. 이로써 동산의 《대동사》 등초본은 쉽게 열람하고 이용할 수 있게 되었다. 그러나 과제가 남아 있다. 《대동사》에 대한 전문적 연구가 활성화되고, 일반인들도 쉽게 읽기 위해서는 번역과 역주 작업이 필요하다. 그것이 1910년대 일제의 폭압적 무단통치기로부터 6·25 동족상잔의 비극기를 견디고 오늘까지 전해져 온 소중한 《대동사》에 대한 후손으로서의 책무인 것이다.

《대동사》를 읽다 보니 눈이 휘둥그레지는 부분이 많았다. 전반적으로는 대종교의 역사 인식이 담겨 있으나, 김교헌과는 다른 부분이 있었다. 민족주의적 색채를 강하게 띠고 있으나 박은식이나 신채호와 다른 부분도 많았다. 1930년대에 민

족주의 사학자였던 장도빈이 안동에 왔다가 이 등초본을 열
람하고 깜짝 놀랐다고 하는데, 실제로 그럴 만하다.

동산은 단군을 국조로 하고 배달족을 종족으로 하여 민족
사를 서술하였는데, 특히 영토와 족통(族統), 국가의 계통을
중요하게 여겼다. 그는 남북조사관에 따라 민족사를 서술하
였다. 남북조 개념은 실학자 유득공의 구분 이래 신라의 삼국
통일을 부정하고 발해를 민족사로 받아들이려 한 민족주의
사가들에 의해 일반화된 것이다. 그러나 동산의 남북조사관
은 이와는 전혀 다르다. 그가 개념화한 남북조는 북조 부여와
남조 기씨 아래에 통일 왕조인 고려로 이어지기까지 존재했
던 정치 세력과 집단을 족통의 전개와 남·북의 방위에 따라
구분한 것이다. 그의 독특한 남북조사관은 정치 조직과 단위
중심의 국가사가 아니라 종족을 중심으로 하여 국가사를 추
구한 결과였다.

동산은 선배 학자들이 발해를 외국으로 간주한 것을 개탄
하며, 발해와 신라 사이에 사신이 왕래하였음을 규명함으로
써 발해가 우리 민족사임을 입증하였다. 이 부분은 마치 후대
에 중국이 동북공정이라는 해괴한 논리로 발해를 중국사로
편입시키려고 한 억지 주장을 예견이라도 하였는지 매우 통
렬하다. 조선시대 부분에서는 망국의 원인을 규명하는 데 주

력하였고, 근대사 부분에서는 일제의 침략을 빠짐없이 기록해 두었다. 그는 망국으로 이어지는 일제의 침략을 '을사오조약 - 정미칠조약 - 경술국치'의 3단계로 파악하였다.

이 책은 역사 저술의 조건이 매우 열악하였던 일제 강점기에 강렬한 민족주의적 사관에 바탕을 두고 단군부터 경술국치까지를 통사의 체계로서 서술한 점에서 한국근대사학사에서 차지하는 의미는 매우 크다고 생각한다. 물론 근대사학이라고 평가하기에는 형식과 체재, 일부 서술내용 들에서 한계도 적지 않다. 그러나 이 같은 부분은 굳이 그에게만 엄정한 근대사학의 기준과 잣대로 따져 물어야만 할 것은 아니다.

《대동사》를 중심으로 동산의 역사 인식을 정리한 것은 필자에게는 매우 귀중한 경험이었다. 2003년 필자는 역시 김희곤 교수의 요청으로 1899년 퇴계 종택에서 태어나 김교헌을 종사(從事)했던 이원태(李源台)가 지은 《배달족강역형세도》를 분석한 바 있는데, 안동 유림인 이상룡·류인식·이원태의 역사 서술과 인식에는 '안동 정신'이 깃들어 있었다. 기회가 된다면, 안동 사람들의 독립운동과 역사 인식의 상관관계를 분석하여 '안동 정신'을 좀더 구체적으로 형상화해 보고자 한다.

지난달 필자는 학술 발표 차 중국에 갔다가 석주와 동산이 이주·정착하여 독립운동을 펼쳤던 서간도 일대를 답사하였다. 만주의 칼바람 속에 단동에서 환인으로, 다시 집안을 거쳐 통화와 유하현의 유적지를 돌아보았다. 험준한 서간도의 산맥을 넘을 때에는 98년 전 겨울 그곳을 지나던 비장한 안동 사람들의 모습이 어른거렸고, 유하현 삼원포 추가가의 대고산 밑에서는 경학사를 조직하고 이를 자축하는 그들의 만세 소리가 들리는 듯하였다.

안동 사람들의 독립운동과 역사 인식 문제를 주제로 다룰 수 있도록 주선하고, 이 책을 출판하도록 배려해 주신 김희곤 교수께 감사드린다. 그리고 이 책의 발간을 보지 못하고 유명을 달리 하신 류기원 선생님의 영전에 삼가 이 책을 바친다. 아울러 사진 등 자료 수집에 도움을 주신 안동독립운동기념관의 학예실 선생님들께도 감사의 말씀을 전한다. 마지막으로 이 책의 출판을 허락해 주신 지식산업사 김경희 사장님과 교열과 편집에 정성을 기울여 주신 편집부 박수용 님께 감사드린다.

2009년 12월의 끝자락 개신골 연구실에서

박걸순

차 례

東山 柳寅植 선생 어록

어려움을 겪지 않은 사람은 지혜가 밝지 못하고
모험하지 않은 일은 공운 세우지 못하니
어려움이 쉬움을 낳고 험한데서 평안함이 오나니
평안하고 쉬운 것은 모두 험하고 어려움에서 오느니라

1912년 5월 10일 경학사 신흥학교 학도들에게

노동하는 사람들이 이밤이 차감구나
어룸길 눈벌판을 총알가듯 달리는가
사천여년 이어온 신영스런 거리여
어떻게 창을 손가 왜놈들의 채찍을—

1920년 1월 10일

1

민족운동으로 일관한 외길 인생

동산(東山) 류인식(柳寅植, 1865~1928)은 조국이 식민지로 전락하여 민족이 도탄에 빠져 있는 모순을 깨뜨리고자 격정적인 민족운동으로 전 생애를 일관한 인물이다. 그는 민족운동의 서장인 을미의병에 참여하였으나, 이후 과감히 개화사상으로 전회하여 이른바 혁신 유림으로서 고난의 역정을 뚜벅뚜벅 걸어갔다. 그 어느 곳보다도 보수적 성격이 강한 안동에서, 위정척사(衛正斥邪)가 아닌 사상을 받아들이기 어려운 척사 유림들의 틈바구니에서 그는 외롭고 고통스러웠지만 당당하게 계몽운동의 길을 걸어 나갔다.

그 길에는 엄청난 고통이 따랐다. 아버지로부터는 자식의 인연을 끊기는 의절을 당하였고, 스승으로부터는 절교와 파

류인식

문을 당하며 "사람들에게 죄를 짓는 것은 오히려 할 수 있으나 어버이에게 용서를 얻지 못하면 달아날 곳이 없습니다. 사람들이 비방하는 소리는 오히려 참을 수 있으나 스승에게 버림을 당하면 돌아갈 곳이 없습니다."라고 괴로워하기도 하였다. 또한 자기에게 미치광이라며 손가락질하는 친지와 이웃의 비난과 배척에는 "친척이 꾸짖고 향당(鄕黨)이 성토하고 집안 식구와 마을 아낙네도 놀라고 성내니 하늘이 높고 땅이 두터워도 도망할 곳이 없다."고 하소연도 하였다.

그러나 그는 좌절하지 않았다. 그는 구학(舊學)과 신학(新學)은 같은 성격의 것이라고 인식하였고, 구학을 혁신의 대상으로 설정하되 구학에 바탕을 두고 신학을 지향한 유학 개신론자였다. 그는 "차라리 한 고을의 완고한 유림들에게는 죄를 지을지언정 한 나라와 사회에는 죄를 짓지 않겠으며, 일시 고향의 유림들에게는 죄를 질지언정 백세(百世)의 공의(公義)에는 죄를 짓지 않겠다."는 신념을 가지고 계몽운동에 헌신하였다.

동산은 을미의병 참여를 시작으로, 세상을 떠나기 한 해 앞서 1927년 신간회 안동지회 초대 회장으로 추대될 때까지 30여 년을 오로지 국권회복과 민족의 독립을 모색하는 데에만 힘을 쏟았다. 그가 활동한 지역은 안동을 중심으로 하되, 중앙과 국외에까지 미쳤다. 그렇기 때문에 그는 민족운동사의 방법론에서는 혁신성과 다양성을, 공간적으로는 전국적 대표성을, 시간적으로는 한순간도 일제의 침략과 식민지 지배를 인정하지 않는 지구성을 지니고 투쟁한 한국독립운동사의 대표적 지도자의 한 사람이라 할 수 있을 것이다.

그의 삶이 다양하고 격정적이었기 때문에 그의 생애를 구분하는 견해도 다양하다. 어떤 학자는 그가 계몽사상가로 전회한 1903년이 그의 생애와 활동에 일대 전기를 이룬 것으로 평가하여 이 때를 기준으로 전·후기로 나누고 있다. 또 다른 학자는 3·1운동을 기준으로 양분하기도 한다.

그의 생애와 활동을 4시기로 나누어 구분하는 견해도 있다. 이 견해는 다음과 같다.

제1기(출생~29세): 평범한 시골 유생으로서 수학기
제2기(30세~39세): 사회개혁에 뜻을 둔 애국적 유림(儒林)활동기
제3기(40세~55세): 개화사상가로서 애국적 계몽운동기
제4기(56세~64세): 전국적 민중지도자로서 정치운동기

이와 비슷하지만 개화사상가로서의 시기를 그가 서간도로부터 귀국하였다가 체포되는 시점으로 보는 다음과 같은 견해도 있다.

제1기(출생~29세): 유생 수학기
제2기(30세~38세): 의병 활동기
제3기(39세~48세): 계몽활동기
제4기(49세~64세): 전국적 계몽운동가

동산의 생애와 활동에는 두 차례의 커다란 전기가 있었다. 그 가운데 가장 중요한 전기는 1903년 신채호와의 만남을 통

해 완전히 다른 세상과 사상을 경험하며 개화사상가로 변신하여 철저한 계몽운동을 펼치게 된 것이다. 그는 이 같은 자기 자신의 변화에 대해 "창자가 바뀌고 얼굴이 바뀌고 말과 행동이 전날의 내가 아니다."고 말할 정도로 이전과는 완전히 다른 사람으로 탈바꿈했다.

그는 자신의 사상 전회(轉回)의 논리를 고전에서 찾았다. 그는 스승에게조차 지금은 신구가 교체하는 시기라고 하고, 《주역》에 나오는 '시대에 따라 바뀌어라[隨時變易]'의 구절을 거론하며 유신할 것을 건의하기도 하였다. 마침내 그는 시세에 합당한 것은 유신을 하는 것이며, 그 방법은 신학을 교육하는 것이라고 믿고 이를 실천하였다.

또 하나의 중요한 계기는 만주로 망명하였던 그가 1912년 귀국하였다가 일제에 피체된 일이다. 당시 그의 귀국은 영구 귀국이 아니었다. 일시적이었다. 가족들을 데려가기 위함이었든지, 부족한 만주의 독립운동 자금을 모금하기 위함이었든지, 그는 다시 만주로 돌아가기로 되어 있었다. 그러나 일제에 붙잡히는 바람에 그의 향후 진로는 크게 바뀌었다. 그의 피체와 국내 정착은 안동과 서울을 오가며 민족운동을 주도하도록 그에게 지워진 역사의 숙명이고 명령이 아니었을까?

2

어른들을 놀라게 한 어린 아이

동산은 1865년 5월 3일 안동시 예안면 주진리 삼산마을에서 류필영(柳必永)과 청주 정씨(淸州 鄭氏) 사이에서 2남 1녀 가운데 장남으로 태어났다. 본관은 전주(全州), 자(字)는 성래(聖來), 호는 동산(東山)이다. 뒤에 큰집 9촌 아저씨인 기영(祈永)의 아들로 입양되었다.

전주 류씨(全州 柳氏)는 류차달(柳車達)의 9세손이자 밀직사(密直司) 류순(柳淳)의 여섯째 아들인 류양재(柳良梓)를 시조로 한다. 그가 전성군(全城君)에 봉해진 것을 계기로 후손들이 문화 류씨(文化 柳氏)에서 떨어져 나가 전주(전성은 전주의 옛 이름)를 관향으로 삼아 대를 잇고 있다. 전주 류씨는 류양재의 증손인 류혼(柳渾)·류습(柳濕)·류지(柳池)를 각각 파조

류인식이 태어난 삼산마을(안동시 예안면 주진리)

(派祖)로 삼아 충숙공파(忠肅公派)·장령공파(掌令公派)·현감공파(縣監公派)로 나누어진다.

그의 가문은 대대로 관직 진출자가 끊이지 않은 명문거족이었다. 시조는 고려 말에 완산백(完山伯)에 봉해진 습(濕)으로, 2대 극서(克恕)는 보문각(寶文閣) 직제학(直提學)과 지제교(知製敎)를 지냈고 이조참의에 증직되었다. 3대는 빈(濱)으로 문과에 급제하였고 영흥부사를 지냈다. 4대 의손(義孫)은 한림(翰林)을 거쳐 집현전에 뽑혔으며, 곧바로 직제학이 되어 남수문(南秀文)·권채(權採)와 함께 문장과 덕행으로 '집현전 3선생'이라 일컬어졌고 이조와 예조참판을 지냈다. 7대 윤선

내앞마을

(潤善)은 통례원(通禮院) 인의(引儀)를 지냈는데, 그의 대에 영주로 세거지를 옮겼다.

　그의 선대가 안동에 정착한 것은 8대 성(城)이 임하면 천전동 내앞마을 의성 김씨(義城 金氏) 가문으로 장가를 들면서부터이다. 9대인 복기(復起)와 복립(復立)은 외숙인 경상도관찰사 학봉(鶴峯) 김성일(金誠一)의 문인으로서 임진왜란 때 의병으로 봉기하여 진주성 전투에서 활약하였는데, 복립은 1593년 4월 김성일이 병사하자 창의사(倡義使) 김천일(金千鎰) 등과 함께 성을 지키다 왜적에게 함락당하자 자결했다. 뒤에 이조판

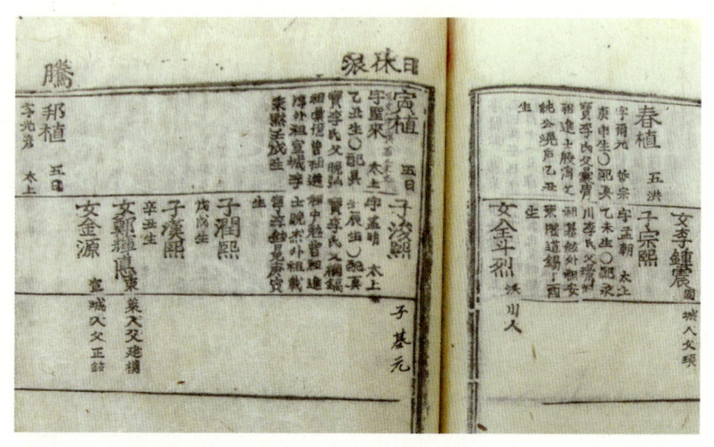

전주 류씨 족보. 류인식은 3남 2녀를 두었다.

서에 추증되었고 왕명으로 정문(旌門)을 세워 충의를 기렸다.

15대인 정원(正源)은 1729년(영조 5) 생원이 되고 1735년(영조 11) 증광문과에 을과로 급제하였으며, 지평·부교리·수찬 등을 역임하고 1761년(영조 37) 판결사를 거쳐 대사간에 이르렀다. 그는 제자백가를 섭렵하여 천문·지지(地志)·음양·복서(卜筮)·주수(籌數)를 비롯하여 병률(兵律)·도학(道學)에도 두루 정통하였다. 문집으로 《삼산문집(三山文集)》이 있고, 저서로 《역해참고(易解參攷)》 등이 있다.

동산의 가문은 서울에서 대대로 고위 관료로서 지위를 누리다가 안동으로 내려온 이후에는 영남 사림으로서의 길을 걸었

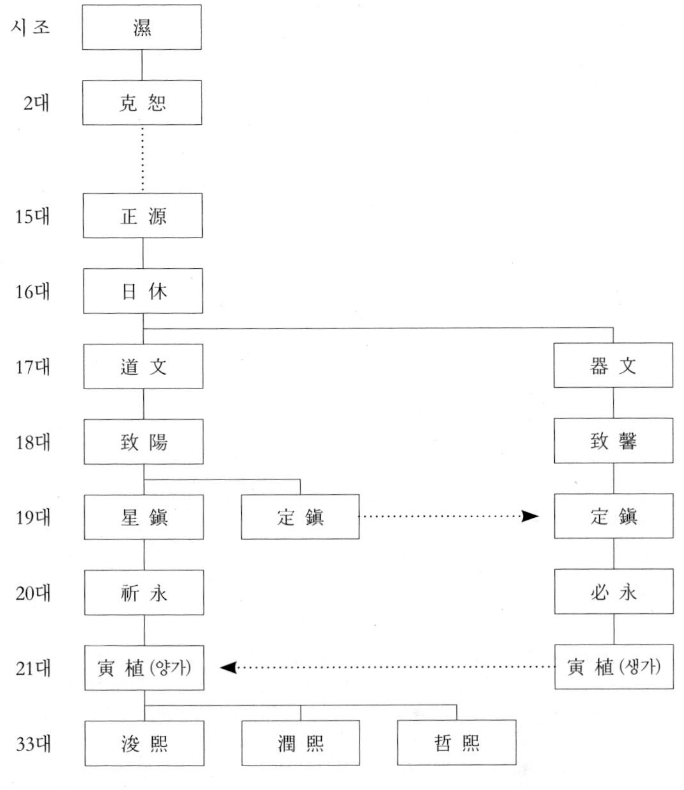

시 조	濕
2대	克 恕
15대	正 源
16대	日 休
17대	道 文 / 器 文
18대	致 陽 / 致 馨
19대	星 鎭 · 定 鎭 → 定 鎭
20대	祈 永 / 必 永
21대	寅 植 (양가) ← 寅 植 (생가)
33대	浚 熙 · 潤 熙 · 哲 熙

류인식 가계도. 동산의 할아버지 정진은 치형에게 양자로 출계했다.

다고 할 수 있다. 그의 가계를 간단히 정리하면 위의 표와 같다.

동산은 태어나면서부터 영민하고 재주가 뛰어났다. 6, 7세 무렵부터 할아버지 용재공(容齋公, 성진을 말함)에게 한학을 배우면서 많은 사람들을 놀라게 했다는 일화가 전한다. 동산은 어느 날 할아버지에게 "대간 할아버지(대사간을 지낸 6대조 정원을 말함)의 호는 왜 삼산(三山)이라 했습니까?"라고 물었다. 이에 할아버지가 "마을 앞에 아름답게 보이는 저 삼봉을 보고 호를 삼산이라 했다."고 하니, 동산은 "저는 집이 동녘에 있으니 호를 동산이라 하겠습니다."라고 답했다. 이 말을 들은 집안의 여러 어른들은 그를 비범한 아이라고 하며 놀랐다고 한다. 동산은 스스로 어릴 때 지은 이 호를 죽을 때까지 사용하였다.

동산은 자신의 호에서뿐만 아니라 동녘 동(東) 자를 애용하며 소중히 여겼다. 그가 지은 역사서의 제목이 《대동사(大東史)》였고, 한문시의 역사를 정리한 저술의 제목이 《대동시사(大東詩史)》였다. 이처럼 동 자 앞에 클 대(大) 자를 붙여서 민족적 자존심을 내세우고 있으니, 그의 나라사랑 정신을 짐작하고도 남음이 있는 것이다. 그가 천신만고 끝에 설립한 학교의 이름에도 협동학교(協東學校)라 하여 당연히 동 자가 들어 있다.

어린 동산의 영특함은 이뿐만이 아니었다. 동산은 10세 이전에 한문을 해독하고 한시를 지었으며 중국 고사에 대해서도 질문하는 수준이 놀라웠다고 한다. 그는 《사기》를 읽다가 탕무(湯武)가 방벌(放伐)한 고사에 대해 해설하기를, "군왕이 되어 백성들에게 잔학하게 대한다면 백성이 임금을 내쫓을 수 있는 것이지 이를 어찌 성인만이 할 일이겠는가?"라고 하여 그 자리에 있던 사람들을 놀라게 하였다고 한다. 뒷날 혁신 유림으로서의 자질을 어려서부터 지니고 있었음을 보여주는 대목이라 할 수 있다.

10세 때에는 〈유항우열론(劉項優劣論)〉을 지었고, 15세 무렵에는 사서삼경과 우리나라 역사, 유현들의 전기 등을 모두 읽어 견식이 날로 높아졌다. 그런데 그는 어릴 때부터 성격이 매우 굳고 단호하여 친구들과 토론을 할 경우 하루 종일 그치지 않았다고 한다. 어른들이 꾸지람을 주어도 소용이 없었다. 그의 할아버지는 이처럼 불같은 그의 성격을 걱정하여 늘 옛 선현들의 아름다운 언행을 들려주며 덕성을 함양시키고자 애썼다. 또한 그가 조정의 득실을 따지기를 좋아하고 개혁과 혁신의 의지를 자주 피력하자, 늘 유학자로서의 본분을 삼가야 한다고 가르쳤다.

3

그의 아버지 서파 류필영

동산의 아버지는 서파(西坡) 류필영(柳必永, 1841~1924)이다.
그는 1841년(헌종 7) 예안면 주진리 삼산마을에서 정진(定鎭)의
아들로 태어났다.

서파는 5세 때부터 백부인 용재 성진에게서 글을 배우기 시
작하였다. 동산도 용재에게 한학을 수학하였으니, 부자가 모
두 용재로부터 학문의 기초를 닦았던 것이다. 서파는 어려서
학문적 자질이 뛰어나 6세 때에 매화를 보고 느낀 감정을 아
래와 같이 한시로 지어 할아버지를 놀라게 하였다고 한다.

가장 높은 가지에 꽃이 피었으니	花開最上枝
하늘과 땅에 봄을 이미 알렸도다	天地已表春

그는 12세 때부터 정재(定齋) 류치명(柳致明)의 문하에서 《대학》 등을 배웠다. 류치명의 부친 류회문(柳晦文)은 서애 류성룡과 학봉 김성일의 문인들이 퇴계의 적통을 둘러싸고 벌인 논쟁인 이른바 '병호시비(屏虎是非)'에서 호론(虎論)의 주도적 인물이었고, 서파 자신은 퇴계 학맥의 정통을 계승한 이상정(李象靖)의 외증손으로서 학통을 이은 처지이기 때문에 어쩔 수 없이 병호시비의 중심에 서 있을 수밖에 없었다. 따라서 그는 이상정의 학문을 충실히 계승하면서 학문적 성장을 하였고, 이를 바탕으로 학파의 결속을 다질 수도 있었다.

류치명의 문하에서 수학한 유림들을 그의 호를 따 '정재학파'라고 불렀다. 정재학파는 주로 안동 지역을 중심으로 분포하면서 퇴계의 정통을 자처하였다. 이 학파는 의성 김씨, 한산 이씨, 전주 류씨가 중심 역할을 하였는데, 퇴계 가문인 진성 이씨와 학연이나 혼인 등으로 긴밀한 관계를 유지하고 있었다. 또한 영남 남부지방의 한주 이진상 학맥이나 성재 허전 학맥이 정재학파와 학문적 연원이 일정하게 연결되고, 또 이들의 문하생들이 서로 출입하기도 해 정재학파는 영남 유림 학맥에서 중심적 위치에 있었다고 하여도 지나친 말은 아니다.

서파는 정재가 세상을 떠난 뒤 동학인 김흥락·김도화·권세연 등과 교유하며 학통을 지켜 나갔다. 그는 이미 14, 5세의 나

李　滉
金誠一
張興孝
李玄逸
李　栽
李象靖
南漢朝
柳致明
金興洛
柳廷鎬·李中轍·柳淵博·權相翊·金秉宗·曺兢燮·金東鎮·李相龍·李鳳義·金大洛·李中業·柳昌植·李運鎬
金道和
柳寅植·金鴻洛·金容禧·宋基植·鄭昌朝·金寅洙·洪義欽·金象鍾·金會鍾·柳鳳熙·柳昌植
權璉夏
李晚燾
金道鉉
柳肯鎬
李應協
權玉淵
權世淵
柳必永
柳上鎬
金養鎮

정재학파 계보도

이에 사서삼경은 물론 제자백가에도 널리 능통하였다. 그는 "공부하는 단계에서는 사서(四書)가 육경(六經)보다 앞서야 하지만, 의리의 핵심에서는 육경이 뿌리가 되고 사서가 가지가 된다."고 하여 육경에 더욱 비중을 두었다. 그는 뒷날 영남 유림들로부터 '남곽북류(南郭北柳, 남쪽에는 곽종석 북쪽에는 류필영)'라는 찬사를 들을 만큼 학문적으로 높은 평가를 받았다.

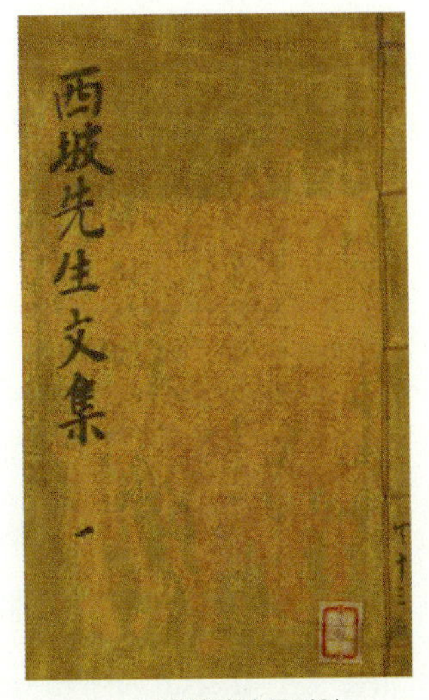

류필영의 문집인
서파선생문집

　이 같은 그의 학문적 입장은 가학의 영향을 받은 것이다. 더욱이 역학(易學)에 조예가 깊었던 것도 가학의 영향 때문이다. 그의 집안에는 천문·지리·역학에 밝은 학자들이 많았는데, 사람들은 5대조인 정원이 역학에 뛰어났으므로 그의 호인 삼산(三山)의 학문이라는 뜻으로 '역학은 삼산지학'이라고 했을 정도였다. 그는 5대조인 정원이 저술한 《역해참고(易解參攷)》를 교정하여 간행할 만큼 역학에 관심이 많았고, 학문적 깊이도 있었다.

서파는 《관물록(觀物錄)》이나 《비색록(備塞錄)》 등을 저술하였으나, 성리학의 학설에 대한 자신의 분명한 쟁점이나 이론을 제시하지는 않았다. 그는 자연의 필연적 두 요소인 음양의 형식으로 남과 여, 군자와 소인, 중국과 외이(外夷), 정학(正學)과 이단의 대립적 갈등을 설명하고자 하였다. 또한 역사의 혼란과 쇠퇴는 음이 양을 극복하여 우세해진 결과로 해명하였고, 개인의 생활에서도 음(陰)과 악(惡)의 성행을 경계하는 도덕적 수양론을 강조하였다.

한편, 그는 역사 저술에도 깊은 관심을 보였는데, 역사적 사건이나 인물을 의리론의 시각에서 논평하는 사론에서는 매우 단호함을 보인다. 그는 한말 최고의 역사가로 평가되는 창강 김택영의 저술인 《한사경(韓史綮)》의 오류를 지적하는 《기김택영사경오(記金澤榮史綮誤)》를 저술하였다. 그는 여기에서 전통적인 유학자의 처지에서 《한사경》의 체재와 사관에 대해 비판하며, 사가로서 김택영의 존재마저 부정하였다. 더욱이 그는 김택영이 나라가 망하였다고 나라를 배반하고, 태조의 역성혁명이나 세조의 왕위 찬탈을 '찬시(簒弑)'라고 함으로써 역대 왕을 욕되게 서술한 부분을 신랄하게 비판하였다. 그 일부를 인용하면 다음과 같다.

개성 사람인 김택영이 《한사경》이라는 책 한 권을 지어냈다. 택영은 본래 견식이 없으나 참람되게도 역사를 지었는데, 사례가 어긋나고 괴이할 뿐 아니라 인륜에 대해 패륜함이 있다. 태조기(太祖紀)와 세조기(世祖紀)에 모두 '찬시'라고 썼는데, 아아 지나치도다, 그 무리함이여. 택영이 이 책을 저술하며 망령되게도 직필을 자처하였으나 …… 택영은 스스로 직(直)이라 하나 직은 볼 수 없고 다만 도리에 어긋남만 보일 뿐이다. …… 만일 고려의 옛 신하들이 직접 본 혁명 당시의 일들을 요즘 세상의 역사서들이 심하다고 탄식할 것이고 뒷날 역사서를 지을 때에 또한 취하지 아니하고 …… 천명이 도운 것은 폄하할 수 없으며, 인심이 돌아온 것은 거스를 수 없는 일이다. 하물며 택영은 한국인이다. …… 그러나 어제 나라가 망하였다고 하여 오늘 나라를 배반하고 선군(先君)을 욕되게 하는 것이 이처럼 극심하니, 그 마음은 나라가 이미 망하였으니 두렵고 꺼릴 것이 없다고 하겠으나, 오로지 맑은 하늘에 밝은 태양이 내리 쬐는 것은 두려워하지 않으니 슬프도다. ……

이 같은 서파의 역사 인식은 아들 동산에게 그대로 계승되었다. 동산은 자신의 아버지 서파를 비롯하여 많은 유림들이 태조와 세조기에서 왕을 모욕한 부분에 비판을 집중한 것과 달리, 고대사 부분까지 비판하고 있어 차이를 보여준다. 동산은 김택영이 중국으로 망명한 뒤 자국정신(自國精神)이 결여되고 사대주의에 빠져 근거도 없는 억지 논리로써 민족사를 함부로 말하고 있다고 지적하였다. 또 이 같은 역사책은 하루라도 단군 강역에 존재해서는 안 된다고 신랄하게 비판하였다. 류필영이 유림의 처지에서 김택영을 비판한 것이라면, 류인식은 대종교의 역사 인식이나 신채호의 영향을 받아 근대 민족주의 사학의 관점에서 비판한 것이라 할 수 있다.

서파는 1881년(고종 18) 영남만인소에 참가하여 조사(曹司)로서 활동하였다. 영남만인소는 1880년 김홍집이 일본에 수신사로 다녀오면서 중국인 황준헌이 지은 《조선책략(朝鮮策略)》이란 책자를 고종에게 바치자, 고종이 이를 전국의 유생들에게 읽도록 하면서 촉발된 척사운동이었다. 이 책은 아시아에서 가장 위험한 나라가 러시아라고 하며, 조선이 러시아의 침략에 대항하기 위해서는 '친중국(親中國) 결일본(結日本) 연미국(聯美國)'의 외교정책을 써야 하며, 더욱이 미국은 신사의 나라이기 때문에 조약을 체결하여도 아무런 해가 없을 것이라고 하였다.

이에 영남 유림들이 분기하였다. 예안 유생 이만손을 소두(疏頭)로 하여 영남 유림들이 상소를 올린 것이다. 영남 유림들은 상소문의 서두에서 '《조선책략》이 돌아다니는 것을 보

嶺南萬人疏

伏以臣等俱是嶺外疏逖之踪耳 韋布之賤名 未登於仕籍 管蒯之微才 不通於世務 而尚幸其
生也勳華聖明之時 其居也鄒魯仁賢之鄕 所誦說者 周公孔子之書也 所服習者 周公孔子之敎
也 惟其疏逖微賤 未能有以萬分一神補維新之治 庶幾講明執守 益篤尊衛之性 征邁指引 益嚴
抉斥之義 上不負菁莪作育之化 下不負降衷秉彝之性 以爲不報之報而已 卽伏見修信使金弘集
所齎來 黃遵憲私擬一册而流傳者 不覺髮竪膽掉 繼之以痛哭流涕也 嗚呼天下之生久 堯舜周
孔開之於前 思孟程朱明之於後 倦倦乎民彝物則之本 兢兢乎叙秩命討之實 一或有邪說詖行
薛子芽其間 則必拒闢之 棄絕之 騙除之 殄滅之 是以楊墨之學仁義 而斥之甚於洪水 老佛之
見心性 而討之急於私讐 左道惑衆之誅 著於王法 黨與先治之訓 載在春秋 千五百年之間 由
是而治 反是而亂 由是而安 反是而危 由是而民生奠於袵席 反是而人類淪於鬼魅 由百等百
莫之或違 蓋以爲天地之心 爲國家之立命者 舍是則無他道故也 洪惟我朝建極 列聖相承 崇儒
重道 式至今休諸 不在六藝之科 詩書之敎 在罔敢舊其胸臆 聘其頰舌 ─道同俗之美 猗歟自
三代以下 未有臻斯盛者也 而不幸有耶蘇邪敎 出於海外夷種 禮義廉恥尙矣 勿論倫綱彝則 一切
掃盤 其言也宏濶勝大 而老佛之所不敢道 其術也奸騙狙詐 而楊墨之所不忍爲 傳習乎黃巾百
運之妖 而狡獪過之 依托乎紫羅黑帽之神 而詭誕甚焉 直一禽狄耳 大羊耳 闞我無人 思易天
下 矛血中士 侵滔東國 而周孔邈矣 程朱已矣 平陂之時運不常 好惡之民志靡塞 則鉏搆訊掃
之責 其不在乎吾君吾相乎 肆我先王正宗純祖 以及憲廟 先酉後申 增其式廓 干犯者必殺無赦
崕誤者雖小不貸 軒鏡高縣 禹鼎增重 妖腰亂領 威就顯戮 逮我聖上踐祚 適追 先王之志 事率
由 先王之典憲 丙寅沁都之變 彼自送死 我乃致討 天怒斯赫 羣醜駭遁 巳膏之鐵鑕 尙在巳

영남만인소

고 저절로 머리카락이 곤두서고 쓸개가 흔들리며 통곡을 하였다'고 하며, 이 책을 가지고 온 김홍집을 처벌하고 이 책을 불에 던져 위정척사의 큰 뜻을 분명히 밝힐 것을 요구하였다.

이 상소문은 김홍집의 탄핵을 요구하였으나, 속뜻은 정부의 개화정책을 공격하기 위함이었다. 따라서 조정에서는 이를 매우 경계하였고, 강경하게 대처하였다. 결국 이만손은 피체되어 전라도 강진현 신지도로 유배당하였다. 퇴계의 학통을 계승한 정통 유림인 서파가 영남만인소의 중심 인물로 참여한 것은 당연한 일이었으며, 1895년 을미사변을 당하여 의병으로 거의(擧義)할 것을 주장한 것도 당연한 일이다.

서파는 1919년 유림들의 독립운동인 '파리장서(巴里長書)' 운동에 참가하였다. 그는 이 청원서에 곽종석·김복한·고석진에 이어 네 번째로 서명하였는데, 이는 학맥과 지연에서 매우 중요한 사실을 알려주는 것이다. 참여한 유림의 서명 순서를 확정하는 것은 영남과 호서 두 계열의 장서운동 통합 회의에서 중대하게 논의된 의제의 하나였다. 따라서 그가 네 번째로 서명한 것은 김흥락과 김도화의 사망 이후, 그가 남인 호론 계열 유림 가운데 종장의 지위를 대신하여 정재학파의 구심점 노릇을 하고 있었던 사실을 입증하는 것이다. 따라서 그의 거취는 영남 일원의 유림들에게 큰 영향을 끼쳤는데, 경북지방의 서명자가 60명에 이르고, 특히 북부지방인 안동·봉화·영주에서만 18명의 서명자가 나왔다는 것은 그의 영향력을 반증하는 것이다.

서파는 이처럼 철저한 위정척사 사상을 지닌 인물이었다. 따라서 개화·계몽운동을 펼치려는 아들 동산과는 관계가 날

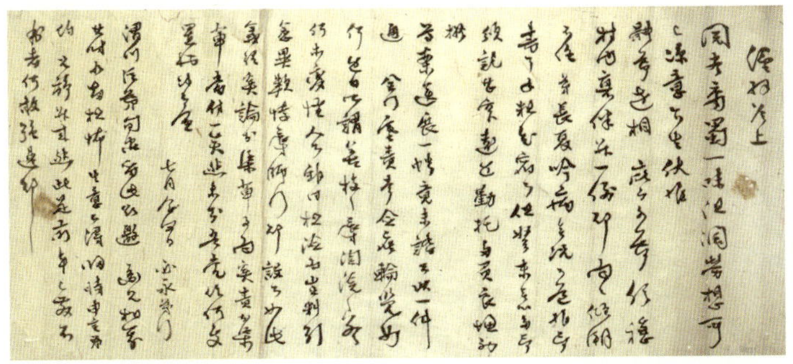

로 악화되었다. 그 결정적 계기는 동산이 개화사상가로 전회하여 서울에서 단발을 하고 고향으로 내려온 일이었다. 동산은 부친이 거처하는 침산정(枕山亭)으로 가서 부친을 설득하고자 하였다. 그러나 서파는 동산에게 추상같은 호령을 치고는 앉지도 못하게 밖으로 내쳤다. 당시 세상에서는 이 같은 부자관계가 사람들의 입방아에 오르내렸고, 안동은 물론 전국에서 동산과 서파를 비난하는 편지가 쇄도하였다. 이에 상심한 서파는 끝내 동산을 외면함으로써 부자관계를 끊었으나, 동산은 늘 아버지를 찾아뵙고 자식으로서 도리를 다하고자 하였다.

말년의 서파는 머리를 깎고 협동학교를 다니던 손자를 매우 귀여워했다. 하루는 서파가 손자의 까까머리를 쓰다듬으며 "춥지 않느냐."고 물었다. 이에 이웃사람들이 "아들은 그렇게 미워하면서 손자는 왜 그렇게 귀여워하느냐."고 되묻자, 서파는 빙그레 웃으며 "애비는 내 말을 안 들었으니 불효자요, 이 아이는 애비 말을 잘 들어 머리를 깎고 열심히 공부하니 효자가 아니냐."고 답했다고 한다.

서파와 동산의 위정척사와 개화계몽의 사상적 갈등은 그 시대적 상황과 민족이 처한 아픔을 그대로 보여주는 것이었다.

4

그의 스승 척암 김도화

유림들에게는 어느 스승에게서 배웠는가를 따지는 사승 관계가 그 사람의 사상과 학문을 결정하는 중요한 요소이다. 류인식은 13세인 1877년부터 척암(拓菴) 김도화(金道和, 1825~1912)의 문하로 들어가 수학하게 되었다.

동산의 스승인 척암은 안동군 일직면 구미동에서 김약수(金若洙)의 아들로 출생하였는데, 이상정의 가장 뛰어난 제자 김굉의 증손으로, 어머니는 진양 정씨 정종노의 손녀이고 남한조의 외손녀였다. 처가는 고성 이씨인데, 그는 석주 이상룡의 존고모부가 된다.

척암은 25세 때인 1849년 4월 1일 아버지의 편지를 들고 정재 류치명에게 가서 《대학》을 배우는 것으로 그 문하가 되었

김도화가 살던 안동시 일직면 귀미마을(위). 의성 김씨들의 세거지로서 멀리서 찍은 사진이다. 묘소(아래)는 안동대학교 후문 근방에 있다.

다. 이듬해에는 《대학혹문(大學或門)》을 배웠는데, 이 때 류치명은 그에게 '경(敬)'에 대한 해석을 내려 주었다. 1852년에는 《중용》을 배웠으며, 이 밖에도 〈태극도설(太極圖說)〉·〈서명(西銘)〉·〈옥산강의(玉山講義)〉 등을 연구하여 스승과 의견을 나누었다.

그는 김흥락과 함께 정재의 제자로서 학파를 형성하였는데, 휘하에 문인이 322명에 이를 정도였다. 따라서 그의 학통

호계서원(안동댐 건설로 1973년 임하면 임하리로 옮겼다.)

은 퇴계로부터 시작하여 이상정 – 남한조 – 류치명의 적통을
이은 것이라 할 수 있다.

1856년 11월, 호계서원에서 안동 유림 수백여 명이 모여
강회와 향음주례를 행하였다. 이 때 임원진은 아래와 같았다.

장석(丈席): 류치명
동주(洞主): 김건수
훈장(訓長): 류치호
집례(執禮): 이돈우
사의(司儀): 류치엄
직월(直月): 권연하(상중이어서 권정하로 교체)
직일(直日): 이기직·김진각

강록유사(講錄有司): 류치숙·김의수·류서호·김도화·
김영두·권세연

이 강회에서는 《심경(心經)》을 교재로 강론하였는데, 강회
가 무사히 끝나고 2백여 명의 유생이 향음주례에 참여하였다.
여기에 참석한 유생들은 향당에서 장유와 붕우의 질서를 거듭
확인할 수 있었다. 이처럼 호계서원 강회는 안동 유림들의 학
문과 행실의 학습 과정이 잘 드러난다. 척암이 정재의 문하가
된 지 얼마 되지 않아 이처럼 중요한 강회에 주요 직책을 맡았
다는 사실은 일찌감치 그의 학문적 대성을 짐작케 한다.

척암은 어려서 과거에 뜻을 두기도 하였으나 포기하고 도
학에 전념하였다. 그는 자신이 새로운 학설을 주창하기보다
는 선현의 학설을 받들어 숭상하고 실천하고자 애썼다. 따라
서 그가 의병에 참가한 것은 당연한 일이었다. 척암의 민족운
동에서 중요한 부분을 차지하는 것은 을미의병 참가이다. 척
암은 안동에서 전·후기 두 차례에 걸쳐 전개된 을미의병에
적극 참여하였다. 전기에는 논의 단계에 주도적으로 참여하
였고, 후기에는 직접 의병장으로 추대되어 활동하였다.

1894년 갑오왜란에 분개하여 안동에서 최초의 갑오의병이
일어났으나, 이는 청풍 유생 서상철이 주도한 것이었다. 이듬

해인 1895년 명성황후 시해 사건이 발생하고 단발령이 내려지자 안동에서 의병이 또다시 일어났다. 이듬해 1월 13일 예안통문에 이어, 청경통문(청성서원과 경광서원의 통문)과 호계통문이 돌아 의병 봉기를 촉구하였다. 호계통문은 도유사 김도화, 재유사 김윤모, 전임 김흥락, 김상수, 류지호, 회원 김양진 등 정재의 핵심 문인들이 서명하여 돌린 것이다. 호계통문은 단발령을 계기로 우리의 예법과 풍속이 붕괴될 것을 깊이 우려하고 결사적인 의병운동이 필요하다고 역설하였다. 또한 국가의 원수는 복수하지 않을 수 없고, 부모가 준 신체는 보존하지 않을 수 없다고 하며 의병의 정당성을 내세웠다.

안동 유림들은 1월 17일 봉정사에서 모임을 열어 의병 창의를 결정하고, 안동통문을 작성하여 각지로 발송하였다. 이때 척암은 안동의진 결성 논의를 주도하며 곽종석·김흥락·권진연·강육 등과 함께 안동통문을 작성하였다. 이 통문도 을미사변과 단발령을 거론하며 의병 봉기를 촉구한 것이었다. 이들은 권세연을 대장으로 추대하고 그의 명의로 격문을 발송하고 의진을 갖췄다. 1월 29일 고종이 보냈다고 전해지는 〈애통조(哀痛詔)〉가 도착하였다. 그 내용은 8도 고을이 서로 도와 의병을 일으키라는 것으로서, 의병들에게 힘을 실어주었다.

그런데 일단 도망하였던 안동관찰사 김석중이 1월 29일 안동부를 공격해 30일 안동부에 진입하였으며, 대구의 병정 3백 명도 안동부에 도착하였다. 상황이 불리해진 의병부대에 엎친 데 덮친 격으로 2월 11일 고종의 해산 명령이 전달되었다. 이날은 아관파천이 단행된 날이었다. 10여 일 만에 입장을 바꾼 고종의 명령을 둘러싸고 지도부는 혼란에 빠졌다. 의병들은 해산 명령이 고종의 본심이 아니라고 여기고 항전을 계속하였다.

안동의진은 안동부성을 재탈환하고 호좌의진(湖左義陣)과 연합작전을 꾀하였다. 이 때 권세연이 대장직을 자진 사퇴하자, 안동의진은 3월 12일 향회를 열어 후임 대장으로 척암을 추대하였다. 척암은 3월 14일 안동에 진입하여 대장에 취임하고, 이 날짜로 조직을 다음과 같이 재정비하였다.

破兵後自明疏

王師來下 刑戮爲事 結縛臺臣 壞敗 國家之名分

屠戮多士 斲喪 國家之元氣 童幼之挾册者幷被

刑殺婦女之績麻者亦多 砲死澗谷之樵夫負薪而

路斃田野之農民倚耒而立 殲亂砲如雹血流成川

與前日哀痛之敎 恩諭布告之意 一切相反使

殿下之赤子盡劉於 殿下之兵及氣象愁慘冤呼

漲天伏未知 殿下奈何而使民至於是也此臣等

所以疑懼而未即解散者一也且伏聞按誅奸臣不

김도화가 의병을 해산하지 못한 이유를 밝힌 〈파병후자명소〉

대장: 김도화

중군장: 권재호(권문팔)

부장: 류난영

도총: 김하림

선봉장: 류시연

소모장: 이충언·류창식

지휘장: 김흥락·류도성

척암은 대장으로서 안동 의병이 봉기한 원인이 을미사변과 단발령에 있음을 다시 한 번 천명하고, 죽음을 무릅쓰고 항전할 뜻을 밝히는 상소를 올렸다. 또한 각지로 격문을 보내 의기를 고취하고자 하였다.

3월 26일, 산양장터에서 안동권의 6개 의진과 호좌의진이 연합하여 호좌의진의 서상열을 맹주로 추대하고 말을 잡아 맹세하는 의식을 거행하였다. 맹약의 내용은 역적의 무리가 되지 말 것, 중화의 제도를 바꾸지 말 것, 죽고 사는 것으로서 마음을 바꾸지 말 것, 딴 생각을 지니고 사사로이 행동하지 말 것, 적을 구경하기만 하고 진격하지 않는 행동을 하지 말 것 등 5개 항이었다.

연합의진은 29일 태봉 공격에 나섰다. 그러나 의병들의 숫자는 많았으나, 잘 훈련된 소규모 일본군의 공격에 바람처럼

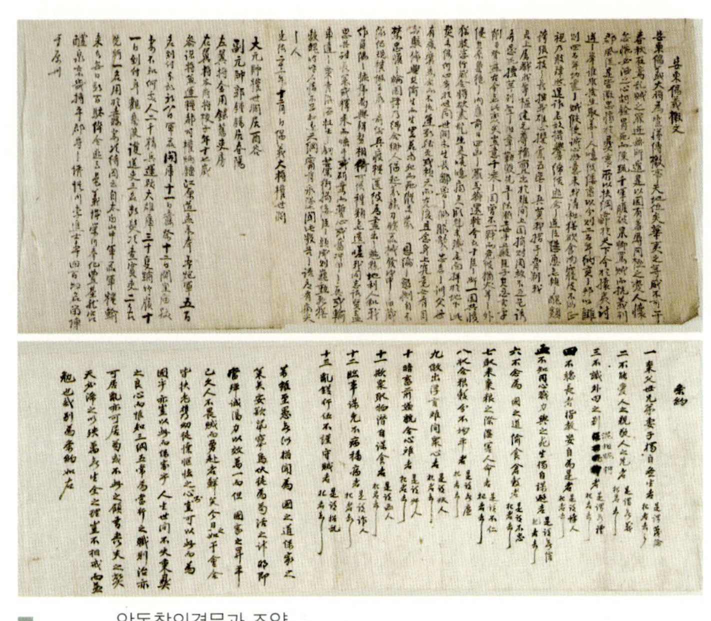

안동창의격문과 조약

흘어지고 말았다. 7천여 명의 의병들은 일본군 2개 분대 병력과 7시간 동안 교전한 결과, 30여 명의 전사자를 낸 채 용궁 쪽으로 후퇴하고 말았다. 4월 2일, 일본군은 안기(운안동 일대)로부터 탑곡(법흥동 골짜기)에 이르는 도심의 민가 1천여 호에 불을 지르는 만행을 저질렀다.

척암은 4월과 5월 초 사이 의병을 안동 인근에 주둔시키며 상황을 주시하였다. 이 때 신임 관찰사 이남규가 각 의진에 회

유문을 보내왔다. 그는 의진을 송천으로 옮기고 4월 12일 도회를 열었다. 이 회의에서는 관찰사의 뜻에 따르자는 의견과 반대하는 의견이 있었는데, 따르자는 쪽이 다수였다. 그러나 척암은 계속적인 항쟁을 결심하고 부대를 소백산과 태백산 일대로 이동하며 전투를 벌였다. 그러나 이 전투는 적극적인 공격이 아니라 일본군에 쫓기는 과정에서 벌어진 전투였다. 당시 그의 나이는 71세였다. 고령인 그가 험준한 산악을 왕래하며 전투를 지휘한다는 것은 힘든 일이었다. 그가 지게에 얹혀 이동하였다는 이야기가 전해오는 것도 무리는 아니다.

태봉 전투 패배와 안동이 불바다가 된 뒤 김도화 의병부대는 매우 어려운 상황에 당면하였다. 의병들도 떠나고 물자의 지원도 턱없이 부족하였다. 당시의 절박한 심경을 그는 이렇게 호소하였다.

…… 한번 봉정사에서 패한 뒤 홀홀히 떠나가니 진중에 일할 사람이 없고 불러도 오지 않고 설득해도 깨닫지 못합니다. 모두가 규율을 지키지 않음을 일로 삼으며, 심지어는 한가하게 쉬면서 비웃는 사람도 있고 오히려 빈정거리는 사람도 있으니, 우리 고을의 충의로운 풍속이 뜻하지 않게도 사람들 대접함에 그 박절함이 이에 이르렀습니까? 군병에 필요한 모든 물품이 더욱 긴급한데, 어떤 사람은 전부를 거절하

고 어떤 사람은 반만 내고 회피하니 군사의 주머니가 텅 비어 주림에 시달리어 전전하며 얻어먹는 형편입니다. 그 대세가 어느 날 갑자기 스스로 무너질 터인즉, 여러분의 생각은 의진이 파산한 죄를 저 한 사람에게 돌리고 의젓이 의를 행하였다고 자처하시렵니까?

그는 한 사람의 손에 죽을지언정 만인의 입에 오르내려 매장되고 싶지 않다고 하였다. 또한 차라리 지금 사람의 쇠망치에 맞아 죽을지언정 편안히 죽어서 훗날 역사의 꾸짖음을 듣고 싶지 않다는 결연한 의지를 밝혔다.

그러나 1896년 7월 이후 척암의 활동에 대해서는 알 수 없다. 다만, 강제로 을사오조약을 체결당하였을 때 그의 대외인식에 변화를 보이고 있어 눈길을 끈다. 그는 을사오조약의 파기를 주장하는 상소문 〈청파오조약소(請罷五條約疏)〉에서 만국 공법에 따른 세계 질서를 주장하였다. 또한 1910년 강제병합을 당하자 '만국의 대인들은 동포'라는 인식을 보인다. 개화 계몽운동가로 전회한 제자 류인식을 파문한 그로서는 엄청난 인식의 전환인 셈이다.

망국 이후 그는 향리에 은거하며 최익현·민영환·이재명·안중근·이준·김순흠 등 독립운동가의 약전을 지어 구국항쟁의 교훈을 후세에 남기고자 하였다. 당시 그의 변함없는 항일 의식과 기개를 보여주는 일화가 전한다. 그는 자기 집 대문에 한일병합을 절대 반대한다는 단호한 의지를 담아 '한일합방대반대지가(韓日合邦大反對之家)'라는 글자를 크게 써 붙였다고 한다. 또 1911년경 조선총독부가 일본인 학자 다카하시 도오루(高橋亨)를 보내 그를 회유하며 학문을 계속할 것을 권유하였다. 이에 그는 "망국의 신하가 원하는 것은 오직 구주(舊主)의 봉환과 구속(舊俗)의 보존"이라고 대답하였다. 곧, 자신이 바라는 것은 우리나라 왕의 복위와 전통 풍속의 보존이라며 강력한 독립 의사를 피력한 것이었다. 다카하시는 뜻을 이루지 못하였으나, 척암의 기개와 절의에 탄복하였다고 한다.

5

을미의병 참여로
민족운동에 나서다

향리에서 한학 공부에 전념하던 동산이 과거시험을 보러 나선 것은 29세 때인 1893년이었다. 조선의 과거시험이 이듬해 갑오개혁 때 폐지되니, 그는 거의 과거제도 시행의 끝 무렵에 응시하였던 것이다. 이 때 선비들은 과거에 급제하기 위한 경쟁에만 매달려 염치를 잃었으며, 과거 급제는 청탁과 문벌로 결정되었다. 이렇게 선발된 인원들로 꾸려진 조정이다 보니 위아래 할 것 없이 모두 부패한 것 또한 현실이었다. 이러한 실정에 눈을 뜬 동산은 과거시험을 단념하고 고향으로 내려와 두문불출하며 학문에만 몰두하였다.

당시의 과거제도는 문란해질 대로 문란해져 있었다. 과거시험에는 수많은 부정행위들이 동원되었다. 본래 과거시험장에는 응시자 외에 다른 사람은 들어갈 수 없었다. 그러나 한양의 권세가문 자제들 가운데에는 답안지 글씨를 대신 써줄 사람 등 10여 명을 데리고 들어오는 사람도 생겨났다. 또 요약집이나 각종 책을 몰래 가지고 들어오거나, 아예 예상답안을 옷이나 다른 곳에 숨겨 들어오는 '협서(挾書)'라는 부정행위가 있었고, 또 자기 답안지를 남에게 보여주거나 남의 것을 훔쳐보는 '상통(相通)'이라는 방법도 쓰였다. 남의 답안을 똑같이 베껴내는 '차술(借述)', 아예 대리시험을 치르는 '대술(代述)'이라는 부정행위도 있었다. 이 밖에도 시험관과 짜고 특정인의 답안지를 알아보게 표시를 하거나 시험문제를 미리 알려주기도 하고, 답안지를 새로 정서할 때 바꿔치기 하는 경우도 있었다.

부정행위는 그뿐만이 아니었다. 권세가의 집에서는 노비를 대거 동원하여 시험관을 힘으로 밀어 붙이거나, 좋은 자리를 차지하기 위하여 서로 싸우다 다치거나 심지어 밟혀 죽는 사람까지 생겨났다. 한양에 사는 유생들은 지방에서 올라오는 유생들의 숙박을 방해하기 위해 여관을 모두 미리 차지하여 지방 유생들이 노숙하게 만들어 시험을 망치게 하는 행위도 저질렀다.

조선 전기에는 이 같은 부정행위를 엄격히 단속하여 과거시험이 비교적 공정히 치러졌으나, 임진왜란 이후 단속이 느슨해지면서 각종 부정행위가 벌어졌다. 따라서 대부분 문벌 자제들이 불공정한 경쟁으로 급제를 독차지하기에 이르렀던 것이다.

그는 〈태식록〉에서 정부의 부패한 실상 가운데 하나로서 과거제도의 폐단을 지적하고, 문벌의 타파를 강조하였다. 또한 유림의 부패 가운데 하나로서 과거제도의 폐단을 지적하였는데, 이는 그의 과거제도에 대한 실망의 일단을 잘 알려준다.

그가 과거를 포기한 다음해인 1894년 동학농민전쟁이 일어났다. 동학군은 곳곳에서 탐관오리를 처단하고 관군과 싸웠다. 이 때 조정에서는 청과 일본에 군대를 요청하여 동학군을 진압하고자 하였다. 그는 이 같은 조정의 처사에 대해, "어찌 외국 군대를 끌어들여 내란을 진압하고서 망하지 않을 수 있겠는가?"라고 탄식하며 동지들과 함께 대책을 강구하였으나, 별다른 결실을 거두지는 못하였다.

1895년 일제가 을미사변을 일으키고 단발령을 공포하자, 안동을 비롯하여 각지에서 을미의병이 일어났다. 그는 이 때 종형과 함께 비분강개하여 "오백년 종사(宗社)가 드디어 망하려는데 삼천리 강역에 한 명의 의사도 없다는 말인가?"라고 개탄하며 이중재·이상룡·권재중 등과 왜적을 토벌하여 원수

동산이 을미의병을 일으킨 청량산 원경

를 갚기로 하고 각 군에 격문을 보내 동지를 규합하였다. 이 때 조정에서 관군을 보내 의병을 진압하자, 그는 "선비는 욕을 당하여서 안 되고, 나라의 치욕은 설욕하지 않으면 안 된다."고 하며 동지들과 함께 청량산으로 들어가 의병항쟁을 펼쳤다. 정재학파의 동문인 류시연과 김도현도 청량산에서 함께 의병으로 활동하였다.

그러나 그는 다시 관군에게 패배하고 말았다. 이후 그는 산 속에 은거한 채 동지들과 연락하며 구국의 방도를 논의하였다. 또한 국내의 산수를 찾아다니고 험준한 지세를 직접 살피며 구국의 목적을 달성하고자 힘썼다. 결국 그는 30세에 이르

러 민족운동의 서장(序章)인 을미의병 참가를 시작으로 민족
운동에 투신하였으나, 실패를 맛보고 말았던 것이다. 그러나
불굴의 민족운동가로서 처음의 실패는 더 큰 성공을 위한 시
련이었고, 또 다른 세계를 추구하기 위한 과정이었다.

6

개화사상으로 전회하다

동산의 생애와 활동에서 일대 전기를 이룬 시기는 성균관에 유학하기 위해 상경하였던 1903년 무렵이다. 당시 서울에 머물고 있던 동산은 신채호를 통해서 개화사상에 눈뜨게 되었다. 또한 러일전쟁의 기운을 느끼며 계몽운동의 필요성을 자각하여 교육구국운동을 실천적 지표로 설정하고 실행하고자 하였다. 그는 러일전쟁이 발발하자, 류근·장지연·신채호 등과 시사에 대해 논의하였다. 이 때 그는 러일전쟁의 본질을 우리나라에 대한 쟁패권 다툼으로 인식하고 대포 연기와 비 오듯 쏟아지는 총탄 속에서도 사람들이 이 같은 사실을 깨닫지 못하는 현실을 안타까워 하며 교육이 급선무임을 강조하였다.

그는 스승인 척암에게 보낸 편지 〈상김척암선생(上金拓菴

先生〉〉(1908)에서 당시의 상황을 다음과 같이 말하였다.

> …… 계묘년(1903년)에 다시 서울에 가서 신채호라는 사람과 교우하였습니다. 그는 청주 사람인데, 재주가 뛰어나고 고금에 박통하였으며 말하고 논의함이 바람이 일듯 의론이 잇달아 나오는 사람이었습니다. 그 사람은 영남의 학술을 개혁하지 않으면 안 되고, 또한 서학을 연구하지 않으면 안 된다고 말하였습니다. 저는 그 말에 승복하지 않고 항론하여 여러 날을 다투었습니다. 하루는 신채호가 신서 몇 권을 주면서 나를 믿지 못하면 이 책을 한번 읽어보라고 하였습니다. 처음에는 마음이 내키지 않았으나 책을 권하는 그의 성의가 고마워 순순히 펴 읽어보았습니다. 전 지구상의 역사책에서 보지 못했던 내용이며, 이전에는 알지 못하였던 여러가지 사실에 놀라 눈이 휘둥그레지고 정신이 어리둥절하여 형상을 무엇이라고 말할 수 없었습니다. 또 얼마 안 되어 러일전쟁이 일어나고 포탄의 연기와 탄환이 비 오듯 쏟아지는 광경을 보고 한꺼번에 완고한 꿈을 깨뜨리고 비로소 평소에 사사로운 지혜를 어루만지던 가슴속에 어두운 구름은 사라지고 맑은 물이 흐르는 것 같이 새로운 것을 깨달은 듯 유신의 뜻이 생기고 사상이 변하게 되었습니다. ……

이를 보면, 동산이 신채호를 만날 당시만 해도 그는 위정척

蒼

上金拓菴先生 戊申

自學雖遠 積遠門屛 不敢知屐茲慕春 大礜氣體 不遑有損節 伏慕區區不任
下誠之至 寅槙 得罪潯懺 爲世大僇 自知其絕於門下而非門下絕之 寅槙誠
自絕之也 中夜領蘇 濂數罪咎 淚眼 爲之顏錯矣 盡自數年來 非不欲一者 晉
拜 從容陳達而泛酔未遂者 特有所須耳 見今踰時越月 退算漸高 人事未可
知也 竊恐此一事 終爲未了之案 則寅槙 終必愧不寐之鬼矣 玆以書而先之
細陳義理之不得不然 時揩之不能自已 藉手而鳴咮焉 此是三十年門下人欽
汝沸血至情之發也 伏乞一覽焉 今將靑新學之不可不硏究也 當先靑舊學之
弊 不可不改革也 今之反對新學者 必曰彼學校 外道也 邪說也 爲士者 不
可學也 又曰是非孔孟之道也 儒者之所當斥也 紛然爲之說 未知前日數人者
其能靈合於孔孟之道而律之以三代六德六藝之科 果無羞殊耶 未知學術之弊
始自何時而只以耳目之所逮 靑之 村學究所敎詔於里塾者 不過表策詩賦倂
儷之文 詞章家所聘藝於儒林者 只是風花雪月綺麗之句 至若山林宿儒之主
敎於臯比則雖非淺見覂識之所敢妄論 然 紛絮箋註之文 穿鑿理氣之說 其果

동산이 스승인 척암에게 보낸 편지 〈상김척암선생(上金拓菴先生)〉(1908)

사의 성향을 지니고 있었음을 알 수 있다. 그는 영남 유림으로서 영남 유림을 비판하는 신채호의 주장에 승복하지 않고 논쟁을 벌였으나, 결국 신채호가 건네주는 신서적을 보고 계몽사상으로 전회하게 되었던 것이다. 그는 친지에게 보낸 편지에서도 자신이 신채호와 학문적으로 교류하고 있다고 하여 신채호와의 관계를 강조하기도 하였다.

이로써 보면, 동산이 유신의 뜻을 지니고 사상을 전회하게 된 계기는, 첫째 상경하여 신채호를 비롯하여 류근·장지연

동산에게 개화사상을 일깨워 준 단재 신채호

등의 계몽운동가와 교유하며 시사에 대한 논의 과정에서의 자각, 둘째 신채호에게서 전수한 신문화, 셋째 러일전쟁이라는 정세의 변동에 따른 인식의 변화 등으로 정리할 수 있을 것이다. 그런데 1900년대의 구국계몽운동이 위정척사의 사상적 바탕이 상대적으로 미약했던 관서지방 유학자들을 중심으로 전개된 사실을 감안하면, 이 같은 그의 사상적 전회는 특기할 만하다.

그런데 동산은 40년 동안 정통 유학자 가문에서 자란 자신의 사상 전회가 하루아침에 마음을 잃고 뜻을 바꾼 것이 아니라, 10여 년간 몸소 경험하고 연구한 결과임을 강조하였다. 곧, 을미의병 참여 이후 오랜 고민과 사색의 결과란 것이다.

동산은 신채호와 함께 성균관 남재(南齋)에 기숙하며 몇 달 동안을 청나라 사람이 경영하는 서점에 가서 종일토록 신서적을 탐독하곤 하였다. 당시 그의 개화사상 형성에 큰 영향을 끼친 것은 양계초의 《음빙실문집(飮氷室文集)》이었다. 이 사실은 그의 저술 가운데 교육구국사상이 잘 나타나 있는 〈학범(學範)〉과 〈이퇴계선생역사대개(李退溪先生歷史大槪)〉가 양계초의 《음빙실문집》에 수록된 〈시무학당학약(時務學堂學約)〉과 〈남해강선생전(南海康先生傳)〉의 체재와 내용을 거의 모방하고 있음에서 확인할 수 있다.

동산의 현실 인식과 사상 전회는 스승인 척암 김도화에게 보낸 장문의 편지에 잘 나타나 있다. 이 편지에서 그는 스승으로부터 파문을 당한 괴로운 심정을 '30년 문인으로서 울음을 머금고 피가 끓는 정'이라 표현하면서도 혁신 유림으로서 혁구유신(革舊維新)을 추구하는 자신의 의사를 당당하고 분명히 밝히고 있다. 그는 자신이 계몽운동으로 전환함으로써 부친 류필영으로부터 의절당하고 스승 김도화로부터 파문당하는 현실을 슬퍼하고 괴로워도 하였다. 그러나 그는 자신이 스승

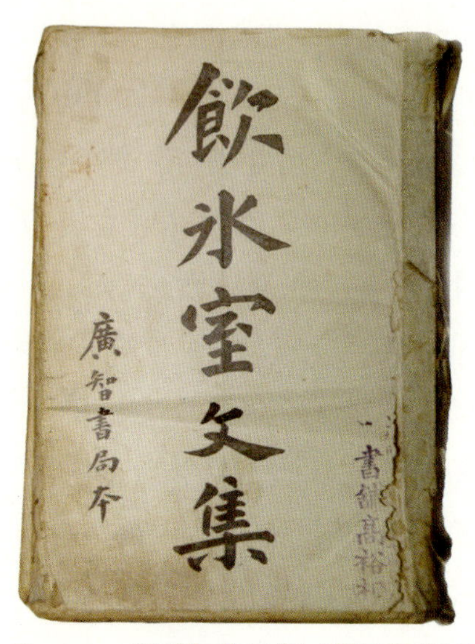

협동학교의 교재로 사용된 양계초의 《음빙실문집》(권대산 소장)

의 문하에서 끊어진 것이 아니라 스스로가 끊은 것이라고 단호하게 말하였다. 그러면서도 자신의 언론과 행동 등 모든 것이 변하였지만, 자신은 죽더라도 스승을 저버리지는 않을 것이라며 스승에 대한 무한한 존경심을 나타내고 있다.

동산은 자신이 처해 있던 당시를 '불행하게도 신구 교체의 시기'라고 해석하였다. 그리고 당시의 세계정세를 '약육강식 우승열패의 대변국(大變局)'으로 진단하였다. 그리고 《주역》에서 말한 바와 같이, 선비는 시대에 따라 변하고 바뀌어야 한다는 '수시변역(隨時變易)'을 거론하며 유신할 것을 스승에게 건의하기도 하였다. 그가 《주역》의 '수시변역'을 사상변동의 논리로 삼았던 것은 박은식의 경우와 같다.

동산은 유신을 위해서는 형식부터 바꿔야 한다고 역설하였다. 그는 털이 몸에 붙어 있으니 소중한 것이라고 하면서도, 장차 몸이 없어지려는 판국에 털이 뭐 그리 소중하냐고 되물었다. 이는 겨레가 죽음과 멸망의 길로 내몰려 있는데, 상투가 무슨 소용이냐는 비유적 표현이다. 심지어 그는 나라가 이 지경에 이르기까지는 스승의 책임도 있다고 지적하였다. 그것은 나라를 망하게 한 데에는 유림의 죄가 크다는 인식에서 비롯된 것이다. 또한 서북지방의 사교도(기독교도)들도 나라를 구하려고 일어나는 형국에 예의의 고장인 영남에서 그런 사람이 한 사람도 없으니 영남 유림을 대표하는 스승의 책임이 크다는 논리이다. 그리고 스승에게 자제와 문생 가운데 뛰어난 젊은이들을 학교로 보내고 신학에 종사하게 하여 국민으로서 도리를 다하도록 해야 한다고 권유하였다. 만약 스승이 그렇지 않고 구학에만 매달려 망해가는 나라와 죽어가는 겨레에 도움이 되지 않는다면, 먼 훗날 날카로운 비판을 받을 것이라고까지 말하였다.

결국 류인식은 시세(時勢)에 합당한 것은 유신을 하는 것이며, 그 방법은 신학을 교육하는 것이라고 믿었다. 그는 친지인 이병곤에게 보낸 편지에서 교육과 사회발달, 국권회복의 관계를 다음과 같이 설명하였다.

…… 사회를 조직하고 인심을 단결하여 교육을 발전시키고 인재를 양성하여 민권을 신장시키고 학술을 진흥시키며 농업을 진작시키고 공무와 상리를 발달시켜 국민의 실력을 기른 뒤에라야 민족을 유지할 수 있으며 국권을 회복할 수 있는 것이다. ……

결국 동산이 스승 척암에게 보낸 장문의 편지는 스승에게 파문당한 제자가 당당히 자기 논리를 펼친 것이며, 계몽운동가로 살아가겠다는 뜻을 세상에 천명한 것이라고 할 수 있다.

7

노비를 해방시키다

　계몽운동가로 탈바꿈한 동산의 활동은 1907년 협동학교를 세운 것이 대표적이지만, 이듬해에 노비를 해방시킨 것도 주목하여야 할 사건이다. 그는 인류의 평화를 부르짖는 시대에 계급 차별은 인도적 견지에서 볼 때 실로 모순이며, 국력 단합에도 해독이 매우 크다고 여겼다. 따라서 그는 노비를 해방시키고 적자와 서자의 구분을 타파하고자 하였다. 그가 1920년대에 노비의 신분해방운동인 형평운동을 지원했던 것은 이 같은 인식의 발로였다.

　노비제도는 1894년의 갑오개혁 때 공식적으로 폐지되었다. 그러나 신분질서는 엄존하였고, 노비도 여전히 가장 하층민으로 존재하고 있었다. 민족운동은 봉건적 신분의 해방으로부터 시작한다. 따라서 많은 독립운동가들이 독립운동에 나서며 자기 집의 노비를 해방시키는 사례가 확인된다.

이상룡은 만주로 망명하기 전 자기 집에서 부리던 노비들을 해방시켰다. 그는 신민회의 결정에 따라 서간도행을 결정하였다. 당시 안동 유림들은 대가족이나 문중을 단위로 망명하였기 때문에 준비 과정이 복잡하였다. 그것은 많은 인원이 이동하고 정착한 뒤 숙식 등에 필요한 물자와 경비를 조달해야 하기 때문이다. 강제병합 직후인 1910년 겨울, 일제가 이상룡의 집을 찾아왔다는 사실에서 일제의 감시 상황을 짐작할 수 있는데, 전답과 가옥 등 많은 가산을 비밀리에 정리하는 것은 쉬운 일이 아니었다. 그럼에도 이상룡은 가노(家奴)들의 노비 문서를 불 질러 양민으로 해방시키고 그들에게 토지를 나누어주고 만주로 떠났던 것이다.

김좌진도 고향인 홍성에서 국권회복운동에 나서며 노비의 해방부터 실천하였다. 그가 노비 해방을 단행한 시기는 기록에 따라 15~17세로 약간의 차이는 있으나, 사실임에는 틀림없다. 그의 집은 부호로서 많은 노비를 거느리고 있었는데, 그는 어느 날 노비들을 모아놓고 잔치를 벌인 뒤에 노비 문서를 불태우고 자신이 소유하고 있던 전답을 노비들에게 골고루 나눠주었다. 그리고 곧 신교육운동을 전개하여 호명학교

의 설립을 주도하였다. 가노를 해방시키고 학교 건립에 나서
는 것은 김좌진과 류인식이 거의 같은 시기에, 같은 방법으로
벌인 계몽운동이었다.

　6형제 독립운동으로 유명한 이회영도 노비 해방을 결행하
였다. 그는 바야흐로 사민(四民)이 자유·평등한 시대가 왔다
고 여기고, 이른바 '삼한갑족(三韓甲族)'으로서 기득권이나
권위의식을 던져버렸다. 그는 구시대의 관념과 인습을 과감
히 버려야 한다고 생각하고 상하의 신분 구별을 없애고 비록
신분이 천한 사람들이라도 생각만 같으면 악수를 나누고 동
지로 대접하였다. 그가 노비 해방을 결행한 것은 이 같은 평
등사상을 실천한 것이라 할 수 있다.

　건국동맹을 조직하여 광복에 대비했던 여운형의 노비 해방
에 대한 자료는 좀더 구체적이다. 그는 1908년 아버지의 3년
상을 모신 뒤 가문에 일대 변혁을 단행하였다. 그는 자신의
상투를 자르고 집안에서 모셔 오던 역대 신주 등을 불태웠으
며 조상의 제사를 그만 지내기로 하는 등 봉건적 인습과 결별
을 선언하였다. 그리고 자기 집의 노비를 모두 모아놓고 그들
이 보는 앞에서 노비 문서를 불태우며 "그대들을 다 해방하노
라. 이제부터는 상전도 없고 종도 없다. 그러므로 '서방님'이
니 '아씨'니 하는 호칭부터 싹 없애라. 오직 인간은 낳을 때부

터 평등하니, 주종(主從)의 예는 어제까지의 풍습이요, 오늘부터는 그런 구습을 탈피하고 제각기 알맞은 직업을 찾아가라."고 말하였다. 이 같은 여운형의 파격적 행위는 고향인 양평군은 물론 경기도 전체로 퍼지며 큰 파문을 일으켰다. 당연히 그를 도덕과 의리를 그르친 사람이라고 욕하며 협박하는 양반들이 있었다. 그러나 그는 이에 굴하지 않고 인간은 본래 자유롭고 평등한 존재로서 생존권은 신성불가침의 권리라고 강조하며 그 누구도 노비를 거느릴 수 없는 것이라고 주장하였다. 이처럼 봉건적 구습과 결별한 그는 자택에 광동학교를 세우고 신교육운동을 펼쳤다. 이 또한 류인식과 김좌진이 걸었던 계몽운동의 길과 다르지 않았다.

이로써 보면, 동산을 비롯하여 한국독립운동사에서 커다란 족적을 남긴 이상룡·김좌진·이회영·여운형 등은 모두 가노 해방을 시작으로 민족운동에 나섰음을 알 수 있다. 그들에게 노비의 해방은 일제에 속박된 민족의 해방을 위한 첫걸음이었던 것이다. 그리고 1928년 동산이 사거하여 장례를 치를 때 형평사(衡平社) 안동지사에서 만장을 보내 오고, 1주기 때 조선형평사총본부에서 보내 온 추도문에 그를 '고동산류인식동지(故東山柳寅植同志)'라고 표현한 것은, 그가 평생 신분 해방에 노력하였음을 보여주는 증거에 다름 아니었다.

8

협동학교를 건립하다

안동으로 돌아온 류인식은 계몽운동에 온 힘을 다 쏟았다. 그는 먼저 교육구국운동에 착수하여 김진수와 더불어 학교를 설립하고자 하였으나, 완고한 보수 유림의 반대로 뜻을 이루지 못하였다.

그러던 1906년 3월 고종의 〈흥학조칙〉과, 경상북도 관찰사 신태휴의 〈흥학훈령〉은 류인식에게 다시 학교 설립을 추진하는 좋은 빌미가 되었다. 신태휴의 〈흥학훈령〉은 영남 일대의 신교육 장려에 상당한 영향력을 끼쳤다. 이 훈령은 관내 41개 군에 서당을 폐지하고 그 세입 곡식과 토지를 재원으로 하여 학교를 설립하도록 장려하였으며, 학생들에게 강제 입학을 명령하는 내용을 담고 있었다. 동산은 이에 힘입어 학교의 건

협동학교 설립 취지문(《황성신문》 1908. 9. 27.)

립에 박차를 가하였다.

이에 1907년 협동학교가 건립되기에 이르렀다. 그 주역은 동산과 일송 김동삼, 석주 이상룡 등이었다. 물론 의성 김씨와 고성 이씨 문중의 진보적 변화와 참여가 학교 설립에 큰 힘이 되었다. 설립 재원으로는 의성 김씨 문중과 석주와 동산 집안의 재산 등이 동원되었다. 특히 김대락과 그의 아들 형식과 김후병·하중환의 기여도 컸다. 그러던 1909년 이른바 〈지방비법〉이 공포되어 유림들의 소유 재산을 지방비로 돌려 쓸 수 있게 되었다. 동산은 이를 논의하고자 호계서원에서 기성회를 소집하였는데, 이 자리에서 다수의 유림들이 찬동의 뜻

내앞마을 의성 김씨의 대종손이자 협동학교 초대 교장을 맡은 김병식
(왼쪽)과 협동학교 설립에 기여한 김후병(오른쪽)

을 밝혔다. 그 뒤로 동산 등은 당국과 교섭하여 학부의 승인
을 거쳐 이 재산을 협동학교로 귀속시켰다.

1907년 가산서당에서 문을 연 협동학교는 1909년 김대락
의 사랑채를 교사로 쓰다가 1912년 한들로 옮겨 정재 류치명
의 종택을 교사로 이용하였다. 학교의 이름은 "나라의 지향
은 동국이요, 향토의 지향은 안동이며, 면의 지향은 임동"이
므로 '동(東)' 자를 따고, 안동군의 동쪽에 자리한 7개 면이 힘
을 합쳐 설립한 것이므로 '협(協)' 자를 따서 협동학교라 정하
였다.

협동학교의 교육과정은 3년제 중등과정이었는데, 본과 진

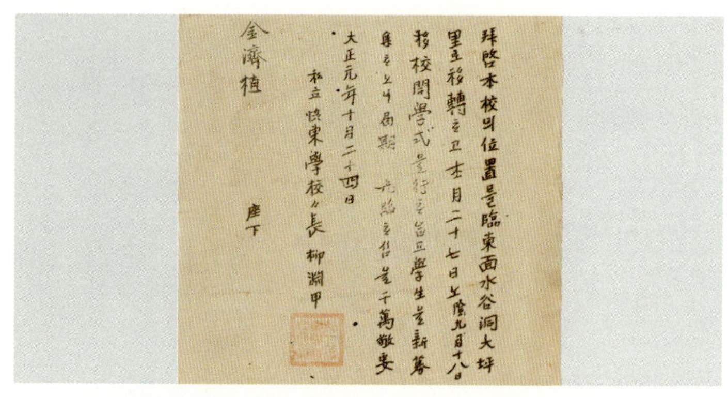

협동학교 교장 류연갑 명의의 협동학교 이전 통지문(1912. 10. 24.)
협동학교를 수곡동 한들로 옮겨 개교식을 거행하고 학생을 새로 모집할
것을 알리고 있다.

학을 위한 예비과도 두었던 것으로 보인다. 수업은 1908년부터 시작하여, 1911년 3월 제1회 졸업생을 배출하였다. 그런데 제2회 졸업생이 4년 뒤인 1915년에 이르러서야 배출된 것을 보면, 학생 모집 등이 어려웠던 개교 초기의 상황을 짐작할 수 있다. 제3회부터는 정상적으로 졸업생을 배출하였는데, 1918년 제5회 졸업생을 배출한 뒤 3·1운동을 주도한 혐의로 장기간 휴교하였다가 끝내 강제 폐교당하고 말았다. 협동학교에서 배출한 졸업생은 모두 80명 정도로 파악되는데, 이들은 대부분 만주로 망명하거나 고향에서 전개된 3·1운동이나 신간회 지회의 핵심인물로 활동하는 등 독립운동의 주

협동학교 교사로 처음 사용된 내앞마을 의성 김씨 서당인 가산서당. 2007년 옛 자리인 안동독립운동기념관 뒤편에다 복원하였다(위)
백하 김대락이 기증하여 협동학교 교사와 기숙사로 사용된 백하구려(김대락의 옛 집이라는 뜻, 아래)

역으로 성장하였다.

교과내용은 신교육을 가르치는 중등 학부답게 수신·국어·역사·지지·외국지지·한문·작문·미술·대수·지리·체조·창가·화학·생물·동물·식물·박물 등 최고의 신학문 17개 교

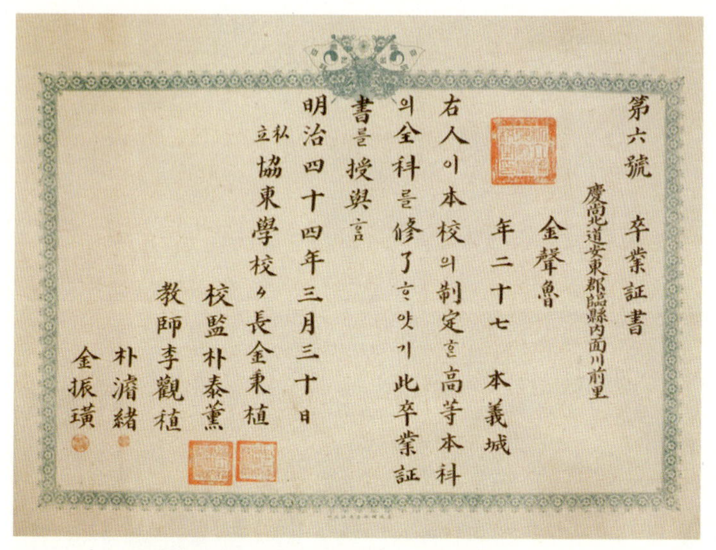

第六號　卒業証書

慶尚北道安東郡臨縣内面川前里

金聲魯

年二十七　本義城

右人이本校의制定한高等本科

의全科를修了하얏기此卒業証

書를授與言

明治四十四年三月三十日

私立協東學校ᄉ長金東植

校監朴泰薰

教師李觀稙

朴瀋緒

金振璜

김성로의 협동학교 제1회 졸업증서(1911. 3. 30.)

과목으로 이루어졌다. 교과목 구성에서 보듯이, 협동학교는 민족교육을 우선하되 서구의 신학문 교육도 중요하게 다루었음을 알 수 있다.

개교 당시 동산은 교무주임을 자청하였고, 교장으로는 의성 김씨 종손인 김병식을, 학감으로는 종형인 류창식을 추대하였다. 이는 자신이 유림의 비판을 집중적으로 받고 있기 때문에 고향의 선배와 유지를 전면에 내세우고자 한 것으로 이해된다. 교사진은 동산이나 김동삼·김형식 등 지역 인물들이 중심을 이루었으나, 이관직·김기수·안상덕 등은 신민회가 추천하여 서울에서 내려 보낸 인물들이었다. 협동학교의 설립 과정이나 운영에서 신민회가 깊이 개입되어 있음은 향후 안동 사람들의 만주 망명과 독립운동 전개와 관련하여 매우 중요한 사실이다.

협동학교는 출범과 더불어 온갖 어려움과 맞닥뜨렸다. 개교 직후 내려진 일제의 〈사립학교령〉(1908)은 협동학교의 민족교육을 방해하였다. 그보다 더욱 동산을 가슴 아프게 한 것은 생부인 서파로부터 의절당하고 스승인 척암으로부터 파문을 당한 것이었다. 그는 이 아픔을 다음과 같이 표현하였다.

　　　…… 사람들에게 죄를 짓는 것은 오히려 할 수 있으나 어버이에 용서를 얻지 못하면 달아날 곳이 없습니다. 사람들이 비방하는 소리는 오히려 참을 수 있으나 스승에게 버림을 당하면 돌아갈 곳이 없습니다. ……

그러던 1910년 7월 18일, 협동학교가 의병의 습격을 받아 교사 등이 총에 맞아 죽는 불상사가 발생하였다. 이날 오후 3시쯤, 안동·예천·영주 등지에서 활동하던 의병 18명이 최성천

류인식과 협동학교 교사들. 가운뎃줄 왼쪽 첫 번째가 류인식이고, 뒷줄
왼쪽 첫 번째 검은 양복 입은 사람이 김동삼이다.

의 지휘 아래 화승총 따위로 무장하고 학교를 기습한 것이다.
이들은 의병이라고 소리치며 학교로 들이닥쳐, 교감 김기수·
교사 안상덕·서기 이종화를 사살하였다. 김형식도 붙잡혔으
나 다시 상투를 틀었기 때문에 화를 면하였고, 학생 정춘흠은

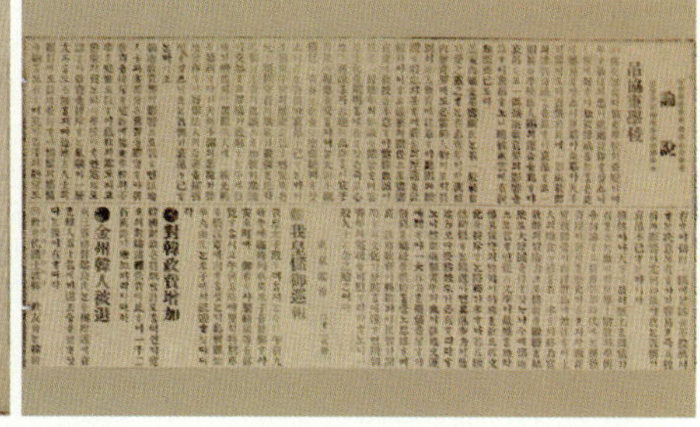

협동학교 피습사건을 애통해 하며 보도한 《황성신문》의 기사와 논설 〈조협동학교〉(1910. 7. 23.)

어리다는 이유로 풀어주었다.

의병들이 협동학교를 습격한 까닭은 김형식을 살려둔 데에 서도 알 수 있듯이 단발(斷髮)에 대한 불만과, 자신들의 민족 운동 방략과 다른 신교육운동에 대한 반감 때문이었다. 이 사 건은 한말 양대 국권회복운동 계열인 의병과 계몽운동론자들 의 갈등과 반목을 여실히 보여주는 것이다. 이 소식이 알려지 자 《황성신문》은 〈조협동학교(弔協東學校)〉라는 논설을 게재 하였고, 《대한매일신보》도 연일 이 사건을 보도하며 영남 지 역 보수 유림들을 비판하고 죽은 이들을 애도하였다.

동산은 이처럼 참담한 상황을 당하여 크게 목 놓아 울었으 나, 자신의 소신을 굽히지 않고 꿋꿋하게 계몽운동을 펼쳐 나 갔다. 피습 사건 이후 협동학교는 일시 존폐의 위기를 맞기도

大韓協會安東支會趣旨書 己酉

大韓協會者大韓國民政黨之會也嗚呼我韓亦有
國民乎夫國民之公産也民國之主人也彼文明國
之民人人皆知此義務國事爲民治之國法爲民定
之國利爲民興之國難爲民捍之故其民不可得以
侮其國不可得以七此之謂國民也我韓闔壞三千
里獨域非不大也生齒二十兆種族非不多也瘁於
壓制而無自由之力病於依賴而無獨立之志視國
家爲君主之私有認朝政爲官司之獨專語涉公
事則曰越俎可懼憂及外患則曰閉戶無妨遂使堂
堂四千年祖國拱手以獻於隣邦保護之下噫噫痛
矣有民如此國安不凶乎於是實主易處群情倒懸毅
身圖報忠則忠矣而冷血僵骸何救已覆之勢仗義
相抗勇則勇矣而糜財損命及速孔憤之禍粗解時
局者心醉歐風甘作外人之奴隸未醒酣夢者芘視
杞天自棄國民之義務是皆悲視國勢絶望前途之
所致也然我國其將來永不振興而已乎竊嘗聞之
國也者民群之團体也民强則國强民弱則國弱民
聚則國鞏固民散則國空虚故善爲國者必以合群

이상룡이 기초한 〈대한협회 안동지회 취지서〉(1909)

하였으나, 각지에서 위로를 받고 의연금과 토지를 기부받아 비운을 극복하고 회생을 모색하였다.

협동학교 설립과 더불어 동산은 대한협회 발기와 교남교육회 조직에도 가담하였다. 대한협회는 대한자강회를 계승한 조직인데, 류근·장지연 등과의 친분을 바탕으로 발기인으로 참가하였다. 또한 동산은 이상룡과 함께 대한협회 안동지회 설립에 노력하여 1909년 3월 이상룡을 지회장으로 선출하고 지회 조직을 갖추기에 이르렀다. 이 때 발표된 〈대한협회 안동지회 취지서〉는 대한협회의 성격을 국민 정당 모임이라고 규정하고, '나라는 민의 공산(公産)이요 민은 나라의 주인'이

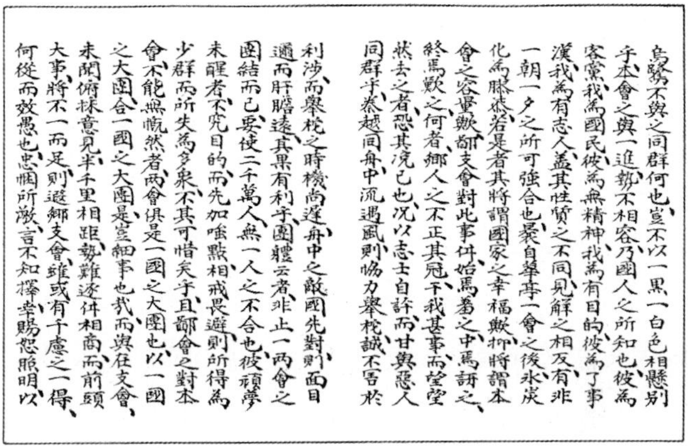

烏鷺不與之同群何也豈不以一黑一白色相懸別
乎本會之與一進勢不相容乃國人之所知也彼爲
客黨我爲國民彼爲無精神我爲有目的彼爲了事
漢我爲有志人蓋其性質之不同見解之相反有非
一朝一夕之所可强合也曩自肇專一會之後氷炭
化爲膠漆若是者其將謂國家之幸福歟抑將謂本
會之容量歟鄙支會對此事件始焉驚之中焉訝之
終焉歎之何者鄉人之不正其冠下我甚事而望望
然去之者恐其浼己也况以志士自許而甘與惡人
同群乎秦越同舟中流遇風則協力擧棹誠不害於
利涉而擧棹之時機尙遲舟中之敵國先對則面目
逼而肝膽遠其果有利乎團體云者非止一兩會之
團結而已要使二千萬人無一人之不合也彼頑夢
未醒者不究目的而先加嗤點相戒畏避則所得爲
少群而所失爲多衆不其可惜矣乎且鄙會之對本
會不能無慨然者兩會俱是一國之大團也以一國
之大團合一國之大團是豈細事也哉而與在支會
未聞俯採意見半千里相距勢難逐件相商而前頭
大事將不一而足則遐鄉支會雖或有千慮之一得
何從而效愚也忠悃所激言不知擇幸賜恕照明以

石洲遺稿

대한협회에 보낸 이상룡의 편지. 친일 성향으로 기우는 본회를 질타하고 있다.

라고 천명하였다. 그리고 지회의 취지로서 정치·교육·산업을 내세웠다. 곧, 정치운동에 중점을 둔 정치결사임을 표방하였던 것이다.

그러나 대한협회는 점차 친일적 경향을 보이며 일진회와 연합하고자 하였다. 이에 안동지회장 이상룡은 잇달아 편지를 보내 '일진회와 연합함으로써 얻는 것은 적고 오히려 2천만 대중을 잃어버릴 것'이라고 경고하였다. 결국 이상룡은 "까마귀와 백로는 함께 무리를 이루지 않는다."고 하면서 안동지회의 반대 의사를 분명히 하였다.

한편, 동산은 1908년 교남교육회의 조직에도 주도적으로 참여하였다. 교남교육회는 교남학회라고도 하며 중앙과 영남 지방을 연결하여 교육을 진흥하기 위해 서울에 있는 영남 인사들을 중심으로 조직된 단체이다. 교남교육회는 1908년 3월 14일 종로 청년회관에서 총회를 열고 조직되었는데, 전하는 말에 따르면, 동산은 이 때 발기인으로 참여하고 취지서를 지었다고 한다. 교남교육회는 사범학교를 설립하여 교원을 양성하는 것을 활동 목표로 하였고, 각 지방에 지회를 두고자 하였다. 이에 따라 안동지회는 1909년 음력 정월에 조직되었는데, 이는 보수적인 안동 지방에 새로운 변화를 예고하는 것이었다.

9

정부와 유림의 부패를 꾸짖고,
망국의 책임을 유림에게 묻다

동산의 조선시대사 인식은 매우 비판적이다. 그는 조선시대를 창업문명시대(태조~성종)·위미부진시대(중종~선조)·윤위혼탁시대(연산·광해)·당화분쟁시대(인조~숙종)·훈척절명시대(경종~태상왕)의 5시기로 구분하였다. 그는 왕대 순으로 시기구분을 하되, 연산군과 광해군은 왕대를 건너뛰어 정통성 없는 왕이 다스린 혼탁한 시대라 하였고, 후반부 3백 년 동안은 더욱 비판적으로 평가하였다.

그는 태조부터 성종 때까지는 정치·법률·학술·풍속이 진실하여 백성이 편안하고 국가가 흥성하였는데, 선조 이래 숙종과 영조에 이르러 훈척이 발호하고 당쟁이 격화되어 실(實)이 허(虛)로 진(眞)이 위(僞)로 변하여, 광무와 융희 시대에는

東山文稿卷之二

雜著

太息錄

東山子 奔走湮泊 于兹十許年 光陰不貸 聰明日滅 悼時勢之變遷 慨志業之空疎 閒或披閱古紙 得之古今歷史之因果 東西哲學之格言 觸於感想 發於嘗語 聿激昂悲憤 凡得累十篇 噫 桓玄譚 稱楊子雲 竊位容貌 不足動人故 輕其書 固知是嘗之不足以動人 與我同志者 取而覽之 其必笑其狂而慺其心也 蘇子瞻 作太息三篇曰三年然後出之 余題其面曰太息錄

客 有難余曰夫臣下而讒君上 謂之不遜 後生而貶前輩 謂之不順 今子所論 上自政府 下逮鄉黨 痛切譏刺 直言無忌 其於讒親讒尊之義 不已悖乎 余瞿然起而謝曰寅也 誠有罪焉 至治之世 其氣順 其聲和故 上無拂戾之政 下無怨懟之辭 理固然矣 及當危亂之時 風俗壞敗 民生困悴 其氣之所使 聲之所發 不得不激惱而憂傷也 詩曰 先祖非人 胡寧忍余 孟子曰小弁之怨 親親也

〈태식록(太息錄)〉. 동산이 정부와 유림의 부패를 통렬히 비판한 논설이다.

참담함이 극에 이를 정도였다고 평가하였다.

　〈태식록〉은 동산이 이러한 관점에서 망국의 원인을 규명하고 개혁의 대상과 과제 및 방향을 제시하고자 저술한 논설이다. 이 논설은 그의 현실 인식과 역사 인식을 가장 잘 보여주는 것인데, 그는 이 논설에서 정부와 유림의 부패를 우리나라의 폐단과 망국의 원인으로 지적하였다. 또한 우리 민족이 식민지로 전락하여 도탄에 빠진 책임은 전적으로 유림들에게 있다고 꾸짖었다. 결국 그는 망국은 정부가 시초를 이루고 유림이 마무리 한 것이며, 정부가 원인을 제공하였고 유림이 그 결과를 얻은 것이라고 진단하였다.

그는 이 논설의 서두에서 다음과 같이 말하였다.

> 내가 분주하게 지낸 지 10여 년이 지났는데 시간은 빌릴 수 없고 총명함은 날로 떨어져 시세의 변천을 슬퍼하고 뜻과 일이 제대로 이루어지지 않음을 개탄하였다. 가끔 옛 종잇조각을 뒤지다가 고금 역사의 인과와 동서 철학의 격언을 얻었으며, 감상에 젖기도 하고 말로 표현한 것이 마침내 격앙 비분하여 무릇 수십 편을 얻게 되었다. …… 지금 우리 민족의 경우는 어떠한가? 4천 년의 신명한 종족이 남의 노예로 희생당하고 위험함과 욕됨이 날로 심해져 모두 멸망당하는 것을 앞에 두고 있으니, 그 감정을 촉발하고 말로 표현되는 것이 어찌 격분스럽지 않겠는가? ……

류인식은 〈태식록〉의 제1장에서 정부의 부패 현상을 10가지로 지적하였다. 그의 주장을 간단히 정리하면 다음과 같다.

① 임금의 권한이 너무 중함[君權太重]
단군시대에는 신권으로 다스려 임금과 백성의 구분이 그

리 엄격하지 않았고 신라 때에도 세 성씨가 교대로 왕이 되어 괜찮았다. 그러나 고려 중기 이래 중국을 모방하여 귀천의 구분이 생겼고, 조선시대에는 신하들이 임금 앞에 엎드려서 평생토록 임금의 얼굴을 볼 수 없었다. 이런 폐습을 바로 잡기 위해서 서양의 민주공화정이나 입헌군주제와 같은 체제가 필요하다.

② 훈신과 척신의 화[勳戚世臣之禍]

한명회·권람 등을 그 대표적 인물로 들 수 있고, 인조반정 이후 서인이 득세하였다. 역대 권신들이 나중에는 왕의 자제마저 죽이기에 이르렀으며, 훈척의 나라가 되고 말았고, 민씨 일파가 더욱 심했다. 이들이 특권을 상속하는 것을 폐지해야 한다.

③ 당론의 화[黨論之禍]

당론을 빼고 나면 국사도 없고 개인의 이름도 없고 기쁨과 슬픔도 없고 명예도 없고 의리도 없고 잘잘못도 없다. 관리의 승진과 좌천도 당론이 좌우하는가 하면, 당에 공을 세우면 영화와 부귀를 누리고 당에서 죄를 얻으면 죽음과 멸망이 있을 뿐이다. 당론의 원인은 허위에 있다. 그러나 기성세대에는 이 폐단의 혁파를 기대할 수 없으니, 반드시 어린 학생들에게 신교육을 받게 해야만 한다.

④ 지나친 학자의 존대[尊待學者]

학자는 국가의 척도이고 백성의 모범으로서 무한한 명망을 지니고 무한한 책임이 있다. 그러나 도리어 학자가 파당을 위해 농간을 부리고 세도가의 꼭두각시가 되어 민생을 도탄에 빠뜨리고 세상을 망쳤다. 과거제와 천거제를 폐지하고 경륜가와 행정가를 등용해야 한다.

⑤ 무력에 대한 대비 소홀[疎武備]

우리나라는 고려 때에는 무력이 강하였으나 고려 중기 이후 중국 문화에 물들어 무력이 쇠퇴하였으며, 조선시대에 와서는 문신으로서 무신직을 겸직하게 하고 무신을 문신의 통제 아래에 두었다. 나중에 군정이 문란해져 마침내 죽은 사람에게 세금을 거두는 백골징포에 이르렀다. 장교 후보생을 외국에 유학시켜 신식 교육을 받게 하고 병기 제조 기술을 개발해야 한다.

⑥ 과거제도의 폐단[科擧之弊]

고려 때에 중국 제도를 본 떠 과거제를 시행하였으나 산림의 유림들이 스스로 나서는 것을 부끄러이 여겨 명종과 선조 때에는 천거법을 시행하기도 하였다. 그러나 이 제도도 제대로 시행되지 않아 당파의 이해에 따랐다. 명경과는 후대로 오며 더욱 폐단이 생겼고 경전을 달달 외는 사람들이 몇 줄의 편지조차 쓰지 못한다. 과거제도의 부정행위도 막심하다. 그

러므로 서양처럼 학교를 널리 세워 인재를 교육하여 우등생
을 등용하여야 한다.

⑦ 인재 등용에 문벌을 중요시[用人尙閥]
우리나라는 사람의 등급을 여럿으로 나누나, 이 가운데 관
직에 나갈 수 있는 사람은 세력을 지닌 사대부밖에 없다. 게
다가 경인(京人), 향인(鄕人), 서북(西北) 양도(兩道) 사람은 아
무리 훌륭한 능력을 지녔더라도 관직에 나갈 수 없다. 국가
를 제대로 운영하려면 문벌을 타파하고 서양의 평등주의를
채용해야 한다.

⑧ 중국에 대한 사대주의[事大主義]
고려 중기부터 송과 원을 섬기더니 이성계가 위화도 회군
으로 집권하고 최영을 죽인 뒤부터 더욱 중국에 대한 의뢰심
이 커지고 자주성을 상실하였다. 임진왜란 때 명이 원군을
보낸 것을 계기로 '숭정기원후(崇禎紀元後)'를 열창하게 하였
다. 북벌론을 주장한 것은 헛소리에 불과하며 병자호란 이후
송시열이 주장한 북벌론은 흉측한 논의이다. 사대주의를 극
복하기 위해 고대의 자주정신을 회복해야 한다.

⑨ 토지세와 민적의 폐단[田賦民籍之弊]
조선시대에 토지를 6등급으로 나누어 세금을 균등하게 거
두는 제도가 있었으나, 우리나라의 지세는 홍수가 나면 전답

이 없어져 다시 조사를 해야 한다. 그러나 지방의 토지세 장부가 이서배(吏胥輩, 하급관들)의 손에 들어가 있고 이들이 수령과 결탁하여 사리사욕을 일삼고 있다. 민적도 국초에는 호패법이 시행되었으나, 점차 문란해져 입적을 꺼리고 빠진 것이 많다. 부정부패를 척결하고 탐관오리를 색출해야 한다.

⑩ 이서배들의 폐단[吏胥之弊]

장관은 자주 갈리지만 이서배는 자리가 세습되어 장관을 농락하는 경우가 많다. 그래서 조선의 절반은 이서배가 나눠 가졌다는 말이 있을 정도이다. 수령들이 무사안일에 빠지지 말고 직무에 전념하여 이서배의 횡포를 철저히 감시하도록 해야 한다.

이어 동산은 〈태식록〉의 제2장에서 유림의 부패를 8개 항으로 나누어 지적하였다. 그는 선비는 나라의 원기로서 책임이 무겁고 선비가 반듯해야 국론과 민심도 바로 선다고 주장하였다. 그러면서도 세상 사람들이 망국의 원인이 정부에 있다고 하지만, 그는 유림에게도 망국의 책임이 있다고 지적하였다. 이는 신채호가 〈경고유림동포(警告儒林同胞)〉라는 논설에서 국가의 위기를 맞아 유림들의 각성을 촉구한 것과 같은 인식이라 하겠다. 유림의 부패에 대한 동산의 주장을 간단히 정리하면 다음과 같다.

① 경학가(經學家)

고려 말에 성리학이 전래되었으나, 조선시대에 오며 문장에만 치우쳤다. 경학가들이 본분을 망각하고 헛된 학문에만 매달리고 지행합일하는 양명학과 같은 신학풍의 조성을 배척하였다.

② 과학가(科學家)

과거를 공부하는 자는 일신의 출세와 가문의 영광을 위해서만 공부하고, 합격을 위해 수단과 방법을 가리지 않다가 끝내 낙방하는 자는 폐인이 되고 만다. 또한 선비의 선발이 문벌과 뇌물에 따라 결정되니 모두 과거의 폐단이다.

③ 숭배유현(崇拜儒賢)

유현을 숭배하는 것은 높은 식견과 고매한 인격을 존경하기 때문인데, 이와는 달리 이름과 지위, 문벌과 나이, 제자수의 많고 적음에 따라 유현의 높고 낮음을 정하여 공맹(孔孟)과 정주(程朱)로 미화한다. 공맹과 정주는 많은데 세상은 잘못되어 가고 있다.

④ 유원(儒院)

원래 성현의 사상을 계승하고 선비를 기르기 위해 세운 것이나, 제자가 많다고 세우고 자손이 번성하다고 세우니 잡신을 모시는 사당이나 개인의 사당이나 다를 바 없는데도 오히

려 이곳이 선비들의 시비와 논쟁, 분열과 당쟁의 소굴로 전
락했다.

⑤ 경학가의 전제(專制)

공맹과 정주의 학설에서 한 글자나 반 구절이라도 벗어나
면 사문난적으로 처단하였으니 정치가 전제를 하면 민기(民
氣)가 쇠하고, 학문이 전제를 하면 민지(民智)가 막혀 버린다.
민지가 막히는 것은 나라가 망하고 민족이 멸종되는 근원이
다. 서양은 종교의 자유가 있으며, 강유위(康有爲)는 세 개의
종교는 하나이고 모든 종교는 평등하다고 말하였다.

⑥ 호가(豪家)의 전제

모든 사람은 천부적으로 평등하게 태어났으나 전체 국민
가운데 만 분의 일도 안 되는 사족들이 모든 특권을 독점하고
국민의 재산을 착취하고 인권을 억압하며 부정과 비리를 자
행하고 있다. 갑오년에 백성이 동학이란 이름으로 일어났다.
정부군이 제압하지 못하고 외국 군사를 불러들여 동양의 대
전쟁을 일으키게 해서 끝내 나라가 망하게 되었다.

⑦ 가정교육 범위의 좁음

예로부터 소학과 대학을 설치하였으나, 후대로 오며 선비
들은 가정에서 교육을 받았다. 교육은 덕성을 배양하여 인재
를 육성하고 덕화를 펼치며 풍속을 순화하는 것을 목적으로

한다. 그러나 조선시대에 들어와서는 어릴 때부터 과거시험만을 목적으로 하여 봉급이나 타먹고 무위도식하는 비생산적인 공부만 하고, 세상을 올바로 하고 백성을 편안하게 하는 경세학은 공부하지 않는다.

⑧ 재물을 늘림[生財]이 부족함

단군부터 고려까지는 부강하였으나, 조선시대에 들어와서 문예만 숭상하고 농·공·상을 천시하여 경제와 기술이 발달하지 못하게 되었다. 쇄국시대라면 몰라도 치열한 경쟁시대를 살아가기 위해서는 널리 학교를 세우고 실업을 장려하며 사족(士族)의 자제들을 모두 농·공·상에 투입하고 서양의 제도를 연구하도록 하여야 한다.

동산은 유림의 부패를 개혁하기 위해서는 허위와 진실을 분명히 가려서 허위를 버리고 진실을 따르자고 호소하였다. 그는 유림의 부패를 논하는 마지막에 총론으로서 허위에 대해 다음과 같이 설명하였다.

허는 실이 변한 것이고 실은 허의 반대인데, 진실을 숭상하고 허위를 버리는 나라는 흥하지 아니함이 없고, 허위를 숭상하고 진실을 버리는 나라는 망한다는 사실을 동서고금의 역사가 증명한다. 그런데 우리나라는 진실인가, 허위인가? 정부에 관해서 말하면 관리만 위하고 백성은 생각하지 않으니 허위이고, 정당이 허위이고, 대대로 관직을 맡는 신하가 허위이며, 어질고 우둔함을 불문하고 벌열만 숭상하니 사람을 쓰는 것이 허위이며, 말로는 선비를 시험한다고 하고 남몰래 뇌물을 바치는 과거시험이 허위이며, 벼슬만 탐내고 털끝만큼도 하는 일이 없는 학자가 허위이며, 세습적인 장수의 가문에서 병법과 무예를 공부하지 않는 것이 허위이며, 군정이 허위이며, 세금이 허위이고, 법률이 허위이며, 유학이 허위이다. 향당으로 말하면 글귀나 찾고 시세를 모르는 경학가가 허위이며, 기교나 부리고 경쟁이나 힘쓰는 과거 공부가 허위이고, 서원이 허위이며, 예속이 허위이고, 문자가 허위이다. 종교와 풍속과 사기가 어느 하나 허위 아닌 것이 없고 참말과 참다운 일은 찾아볼 수 없다.

여기에서 알 수 있는 바와 같이, 동산은 우리의 정치와 사회, 학문 등 전반이 모두 허위라고 매우 신랄하게 지적하였다. 그는 〈태식록〉의 마지막 제3장에서 오늘날 민족이 도탄에 빠진 책임은 전적으로 유림에게 있다고 지적하였다. 이 부분은 객의 질문에 그가 대답하는 형식으로 구성되었다. 먼저 객이 옛날에는 군주만이 교화를 할 수 있었기 때문에 위로부터의 개혁만이 가능하였는데, 밑으로부터의 개혁을 주장하며 민족의 책임이 전적으로 유림에게 있다고 하는 것이 타당한 가라고 따져 물었다. 동산은 이에 대해 과거에는 그러하였지만, 오늘날에는 사회진화의 법칙에 따라 서구의 민주주의, 일본의 메이지유신, 중국의 국민정부(입헌민주제) 수립은 모두 국민 개화에 힘입은 좋은 선례라고 반박하였다. 또한 객이 혁구유신(革舊維新)을 부르짖은 지 이미 10여 년이 지났어도 이룬 것이 없고 국민에게 아무런 도움이 되지 않는다고 비판하자, 그는 이끌어 주는 사람이 있어야 밑에서 호응할 것인데, 정부가 억압하고 완고파들이 방해만 하니 소수의 선각자들이 2천만 동포를 교육하는 것이 쉽게 성과를 거둘 수 있겠느냐고 공박하였다.

〈태식록〉은 《대동사》처럼 형식과 체재를 갖춘 글은 아니지만, 혁신 유림인 그의 비판적인 현실 인식을 잘 드러내고 있으며, 혁신의 대상으로 유림을 설정하고 그 과제와 방향을 제시한 논설로 평가할 수 있다.

10

발해의 옛 땅이
우리가 돌아갈 곳이다

1910년 나라가 망하자, 동산은 안동에서 민중대회를 열고 "망국의 근원이 민지(民智)의 미개(未開)와 민권의 상실에 있다."고 하며 군중들과 목 놓아 울었다고 한다. 또한 그는 망국의 사태에 처하여 협동학교의 유지책을 상의하고자 임원회의를 열고, 자유정신의 교육을 위해서는 발해의 옛 땅이 우리들이 돌아갈 곳이라고 판단하고 만주로 망명할 것을 결심하였다.

만주로의 망명 계획은 그 자신의 독자적 판단이 아니라, 신민회의 독립군기지 건설계획과 관련된 것이다. 그리고 이상룡·김대락·김동삼 등 안동의 동지들과 협의하여 진행된 것이었다. 1910년 말, 이상룡이 문중을 인솔하여 먼저 출발하고, 이어 이듬해 1월 일송을 비롯한 내앞 문중들도 떠났다.

김동삼(왼쪽)과 이상룡(오른쪽)

안동 유림들의 만주 망명은 척족 인맥을 중심으로 실행된 점에서 한국독립운동사에서 특이한 사례로 평가되는 것이다.

동산은 그 다음 순서로 협동학교를 류동태에게 맡기고 망명길에 올랐다. 그가 안동 유림 가운데 가장 늦게 만주로 망명길에 나섰던 것은 협동학교를 맡아 운영할 적임자를 선발하여 인수인계를 하는 등 잔무 처리 때문으로 보인다.

안동 유림들이 정착한 곳은 서간도 유하현의 삼원포(보) 대고산(大孤山) 자락이 흘러내린 추가가(鄒家街)와 그 일대였다. 삼원포는 세 개의 물줄기가 합해진다는 데에서 유래한 지명이고, 추가가는 추씨(鄒氏) 성을 지닌 사람들이 많이 산다고 하여 붙여진 마을 이름이다. 이곳은 이미 지난해 8월, 이회영과 이동녕 일행이 서간도를 답사할 때 무관학교 설립터로 점찍어 둔 곳이다. 이곳이 설립터로 결정된 배경에는 고구려의 옛 땅이었다는 역사적 연고 말고도, 대도시로부터 떨어져 있어 일제의 감시를 피할 수 있고, 뜰이 넓어 농사를 짓고 군사훈련을 하기에 적합하며, 대고산이 있어 유사시 피신하기에 좋은 지리적 이점도 감안하였던 것으로 보인다.

안동 유림들이 이회영 등이 미리 자리 잡은 삼원포 추가가로 합류하자, 그 일대는 한인촌이나 다름없었다. 여기에서 문제가 발생하였다. 추가가의 중국 사람들이 유하현에 모여든 한인들을 의심하여 그들의 동태를 관청에 고발한 것이었다. 수많은 한인들이 엄청난 재산을 가지고 들어오니 분명히 중국을 공격하러 온 것이라며 한인들을 단속해 달라고 한 것이었다. 다행히 이회영의 필담으로 오해는 풀렸으나, 이후에도 추씨들은 한인에게 토지나 가옥을 팔지 않음은 물론 접촉도 꺼리는 등 경계를 늦추지 않았다.

서간도 이주 한인들이 독립운동 기지 건설의 첫 삽을 뜬 것은 경학사(耕學社)와 신흥강습소(新興講習所)의 설치였다. 곧 경학사와 신흥강습소는 만주 일대에 만들어진 최초의 독립운

안동 유림들이 집단 망명하여 정착한 유하현 삼원포

동 조직이었던 것이다. 1911년 음력 4월경, 이회영·이동녕·이상룡 등 300여 명의 한인들이 대고산 아래에 모여 노천 군중대회를 열었다. 이동녕을 임시의장으로 추대한 이 대회에서 한인들은 민단과 자치기관의 성격을 지닌 경학사를 조직할 것, 전통적인 도의에 바탕을 둔 질서와 풍기를 확립할 것, 모든 사람들이 농사에 종사하는 개농주의(皆農主義)에 입각하여 생계 방도를 세울 것, 학교를 설립하여 주경야독의 신념을 고취할 것, 기성군인과 군관을 재교육하여 기간장교로 삼고

유하현 삼원포 추가가에서 바라본 대고산 원경. 이곳에서 군중대회를 열고 경학사를 조직하였다.

애국청년을 수용하여 국가의 동량 인재를 육성할 것 등 5개 항을 의결하였다.

경학사의 설립 목적은 이상룡이 기초한 〈경학사 취지서〉에 잘 나타나 있다. 여기에서는 유구한 민족사에 대한 자부심을 표방하고, 망국의 책임이 민족 전체에 있다고 지적하였다. 그리고 모두 힘을 길러 독립투쟁에 나설 것을 역설하고 경학사를 중심으로 단결할 것을 호소하였다. 그 중요한 대목을 간추리면 다음과 같다.

…… 차라리 칼을 빼어 자결하고 싶어도, 그러면 내 몸을 죽여 적을 쾌하게 할 염려가 있다. 음식을 끊어 굶어죽고 싶어도, 어찌 차마 나라를 팔고 이름을 팔겠는가. 그것은 장차 눈물을 흘리며 하늘이 다하는 치욕을 받지 않겠는가. 대체로 힘을 길러 끝내 결과를 보아야 한다. …… 이곳은 이국의 땅이 아니요, 고구려의 유족이 발해에 모였은즉, 여기 있는 사람들 모두가 동포들이 아닌가. …… 언어가 다르다고 하나 그래도 동족들이니 우리를 의심하지 않으며, 사정은 다 말하기 어렵고 때로는 동병상련 하지 못하는 바도 있으나 희망을 양식으로 삼으면 음식을 배불리 먹을 것이며, 곤란을 초석으로 삼으면 마침내 집을 건축할 것이다. 이에 남만주 은양보(恩養堡)에 여러 사람들의 뜨거운 마음을 합하여 하나의 단체를 조직하니 이름을 경학사라 한다. 경(耕)이라는 것은 다만 인명을 살려 보존하는 것이 아니라 민지를 계발하는 것이기에 경과 공상(工商)은 비록 다르지만 통틀어서 실업계에 속하는 것이다. 그리고 체력과 덕력을 겸비케 함으로써 스스로 가르침의 과조(科條)를 만들게 되는 것이다. 앞길이 너무 멀다고 근심하지 말 것이다. 한걸음이 끝내는 만 리 길을 가게 되는 것이다. 규모가 이제 만들어짐을 슬퍼하지 말 것이니, 삼태기의 흙이 쌓이고 쌓여 태산이 되는 것이다. ……

경학사는 다음과 같은 조직을 갖추었다.

이상룡이 기초한 〈경학사 취지서〉(1911. 4.).
류인식은 경학사 교무부장에 선임되었다.

사장: 이상룡

내무부장: 이회영

농무부장: 장유순

재무부장: 이동녕

교무부장: 류인식

　류인식은 교무부장에 선임되었는데, 협동학교 시절의 경험을 인정받은 것으로 보인다. 이 밖에도 조직과 선전은 김동삼이 맡았다. 이들 운영진의 면면을 볼 때, 경학사는 안동 유림들이 주축을 이루고 있음을 알 수 있다.

　경학사는 청년들에게 군사교육을 실시하려고 신흥강습소를 설치하였다. 신흥이란 명칭은 신민회의 정신을 계승한다는 의미에서 '신(新)' 자를 따고, 다시 일어나는 독립투쟁이라는 의미에서 '흥(興)' 자를 붙여 만든 것이다. 신흥강습소의 초대 교장은 이동녕이 맡았다. 이후 신흥강습소는 합니하로 옮겨 중등과정의 신흥무관학교로 발전하였다. 그리로 이주한 안동 사람 가운데에는 이상룡·김동삼과 혈연적 연고가 있는 청년들이 신흥무관학교를 졸업하고, 무장투쟁에 나서 봉오동과 청산리 대첩의 주역이 되었다. 신흥무관학교에서 동산의 활동은 알 수 없으나, 이상룡이 지은 《대동역사》와 퇴계 종택에서 태어난 이원태가 지은 《배달족강역형세도(倍達族疆域形勢圖)》가 생도의 교재로 사용되었으니, 무관 생도의 정신교육에 안동 사람의 저술이 크게 기여하였음을 알 수 있다.

동산은 1912년 일시 귀국하였다가 일제에 체포되고 말았다. 귀국 시기는 그가 7월 서간도에서 보낸 편지로 보아 그 이후의 일일 것이다. 그의 귀국 사유는 가족을 데리고 망명하기 위한 것이라는 견해도 있으나, 당시 경학사가 재정적으로 커다란 어려움을 겪고 있었던 점을 주목하여야 할 것이다. 곧, 경학사가 1년 동안은 이회영이 지원해 주는 재원으로 운영이 가능하였으나, 1911년 대흉년이 들고, 또한 국내로부터 지원받기로 약속된 신민회 자금도 신민회사건으로 말미암아 올 수 없었다. 이에 경학사는 11월 해산하기로 하고 이동녕은 노령으로, 이시영은 봉천으로 새 길을 찾아 떠났고, 신흥강습소도 일단 폐교하는 수밖에 없는 실정이었다. 따라서 그가 일시 류인식이 만주에서 보낸 편지(1912. 7.)

귀국한 것은 고향에서 독립운동 자금을 모금하기 위한 것으로 보는 것이 타당할 듯하다. 이는 1920년대 전반기에 동산이 자기의 가정 형편으로는 도저히 감당하기 어려운 거액의 약속어음을 발행한 바, 대부분의 채무자가 동산이고 채권자가 안동을 중심으로 한 유림이라는 사실에서 실마리를 찾을 수 있을 것이다.

일제에 체포되어 다시 만주로 돌아갈 수 없게 된 동산은 옥중에서 당시의 심경을 탄식하는 〈감탄(感歎)〉이라는 시를 읊었다.

큰 그물은 삼면의 바다를 뒤덮고
무거운 자물쇠는 팔방을 잠갔구나
좁디좁은 천 리의 나라에
첩첩이 에워싸인 이 한 몸
이 소굴 속의 사나이는
오직 망명객 되기를 꿈꾸네

　여기에서 말한 큰 그물과 무거운 자물쇠는 일제의 혹독한 식민지 탄압에 신음하는 민족의 고통을 의미한다. 그리고 일제에 체포되어 갇힌 자신의 모습을 한탄하되, 다시 망명하여 독립운동에 나설 것에 대한 강한 의지를 표방하고 있다.

11

《대동사》 저술과 보존의 비화

 일제로부터 풀려난 동산은 국내활동에 온 힘을 쏟았다. 그는 다시 협동학교의 일을 맡았다. 그가 귀국하였을 당시 협동학교는 한들[大坪]의 정재 종택으로 옮겨져 있었고, 교장은 류연갑이 맡고 있었다. 정재 종택을 협동학교 교사(校舍)로 사용할 수 있었던 것은 종택이 무실[水谷]로 이사하였기 때문이다. 그는 다시 협동학교의 교장을 맡아 망명 뒤 중단하였던 교육구국의 이념을 실천하고자 하였다.

 한편, 그는 1913년께 대종교에 가입하였던 것으로 보인다. 그의 역사 인식이 대종교의 역사관과 상통하고 있기 때문에 대종교 가입설은 사실로 보아도 좋을 것 같다. 그는 귀국한 1912년 무렵부터 《대동사》의 저술에 착수하였는데, 학계에서는 이 사서가 대종교적 역사 인식을 표방하고 있다고 평가하기도 한다.

　일제의 혹독한 무단통치 아래 민족의식을 고취하는 역사서를 저술하는 것은 어려운 일이었다. 따라서 동산은 일제의 가택 수색에 대비하여 종가의 대청마루를 뜯어내 큰 항아리를 숨겨두었다. 그리고 《대동사》를 저술하며 그때그때 완성된 원고는 그곳에 비밀리에 보관하였다가 사람들에게 보내 정서를 부탁하였다. 《대동사》는 1917년께 일단 초고가 완성되었다. 그러나 동산은 이후에도 수시로 문인들과 의견을 교환하며 1920년 이후까지 수정·보완을 계속하여 나갔다.

　《대동사》가 완성되는 과정과 시기는 류인식의 서한에서 어느 정도 추측해 볼 수 있다. 그는 1917년 홍치유에게 보낸 편지에서 자신의 저술이 '고증이 정밀하지 못하고 유례가 완전하지 못하다.'고 자평하며 5, 6개월만 틈을 내어 더 교정하면 《대동사》를 바로 잡아 정리할 수 있을 것이니 언제 한번 와서 초고를 검토해 달라고 부탁하였다. 1920년 이한걸에게 보낸 편지에서는 자신이 수시로 고쳐 놓은 내용을 종이를 얻어 다시 한 권으로 엮으려 한다며 한문을 잘하는 사람에게 베껴 써 달라고 부탁하고 있다. 또한 권노섭에게 보낸 편지에서는 완성된 초고를 아직 정서하지 못하였다고 하였고, 족손(族孫)인

류규원에게 보낸 편지에서는 초고를 베껴 쓸 때 오탈자를 교정할 것과, 연대표를 《연려실기술》 체재에 따라 만들어 줄 것을 지시하였다. 한편, 규원에게 보낸 다른 서한에서는 초고를 검토하여 등사할 때 몇 글자를 첨가해도 무방하다고 하였다. 더욱이 참고문헌으로 1923년에 등사하여 펴낸 이원태의 《배달족강역형세도》를 제시하고 있어, 1920년대 전반기까지 수정·보완 작업이 계속되었음을 알려준다.

이는 동산의 역사 저술이 매우 신중하고 꼼꼼하며, 자신의 글에 대해 엄격하였음을 보여주는 것이다. 곧 《대동사》는 1912년께 저술에 착수하여 1917년께 일단 초고가 완성되었으나, 1920년대 전반기까지 계속 수정·보완한 것으로 그의 50대 내내 걸친 역사 저술의 산물인 것이다.

그러면 그는 왜 이처럼 방대한 《대동사》를 저술하였을까? 동산은 우리 민족이 단군의 자손이라는 사실에 큰 자부심을 지니고 있었다. 그러나 고유 문명을 지닌 우리의 민족사가 '노예사가'들에 의해 하나도 완전한 것이 없이 말살당한 것을 매우 원통하게 여겼다. 그는 자신이 《대동사》를 저술한 목적을 다음과 같이 말하였다.

…… 우리나라가 건국한 지 반만 년이 되어 예의와 무강(武

强)의 기풍이 천하에 떨쳐졌는데, 고유 문명의 역사가 노예사
가들에 의해 말살되어 한 부도 완전한 것이 없다. 내가 일찍이
이를 통한으로 여겨 얼마 전에 책 한 권을 모았는데, 위로는
단군 무진년으로부터 아래로는 조선 경술년에 이르기까지 편
년으로 서술하여 대략적으로 편찬하고 보니 10여 권이다. 견
식이 모자라고 고증이 넓지 못하여 헤아려 생각함이 정돈되지
못한 날이 허다하다. …… 오늘날의 젊은이들은 도무지 역사
관념이 없어 단군·기자·삼국이 어떤 역사인지 알지 못하고
조국정신이 나날이 없어지니 작은 걱정거리가 아니다. 만약
이 일로 말미암아 계통 연혁과 종족의 연원 및 영웅 열사의 장
한 업적과 위대한 행동을 통찰하여 능히 국수(國粹)를 발휘한
다면, 단지 그 사람의 사상에만 도움이 될 뿐이 아니다. ……

여기에서 보면, 동산은 역사 관념이 사라져가는 젊은이들
에게 조국정신을 심어주고 국수를 발휘하게 하기 위하여《대
동사》를 저술하였음을 알 수 있다. 그는 또한 비록 여러 권의
사서가 있으나, 내용이 서로 다르고 체재가 갖추어져 있지
않음을 지적하였다. 결국《대동사》는 동산이 종래 사서의 잘
못을 바로 잡고, 젊은이들에게 조국정신과 국수를 발휘하게
하고자 한 의지의 산물이었던 것이다. 그런 점에서 동산의
역사 인식은 1910년대 신채호나 박은식·김교헌 등 민족주의

사가의 정신사학, 관념론 사학과 궤를 같이 하는 것이라 할
수 있다.

동산은 당초 《대동사》를 문중 자제의 교육용 교재로 사용하
고자 저술하였다고 밝힌 바 있다. 한편 《대동사》가 협동학교
교재용으로 편찬되었을 가능성을 제기하는 견해도 있다. 그러
나 협동학교는 3·1운동으로 폐교 당하였고, 이 때까지 《대동
사》의 등초(謄草)가 완성되지 않았기 때문에 사실상 교재로 사
용될 수는 없는 형편이었다. 그럼에도 《대동사》가 안동 지방
청년 지식인들의 민족의식을 고취하는 데 이바지하였음은 의
심할 바 없다. 동산의 손자 류기원의 증언에 따르면, 본서는
1920년대에 안동시 옥정동에 있는 진성 이씨 두루파 종가인 송
재 애련정(愛蓮亭)에 도서관을 만들고 여기에 비치해 두었는
데, 이곳을 출입한 청년운동가들에게 널리 읽혔다고 한다.

또한 1930년대 중반에 민족주의 사학자인 황의돈이 안동에
왔다가 《대동사》를 열람한 적이 있다. 이 때 황의돈은 제1권
의 맨 앞부분에 있는 〈대동연혁지총도(大東沿革地總圖)〉·〈대
동연혁국차도(大東沿革國次圖)〉·〈대동족총도(大東族總圖)〉·
〈대동역대일람도(大東歷代一覽圖)〉 부분을 보고는 매우 놀라
며 류기원에게 잘 간수해 두었다가 조국이 해방된 뒤 출판하
도록 당부하였다고 한다. 황의돈이 《대동사》를 보고 놀란 까

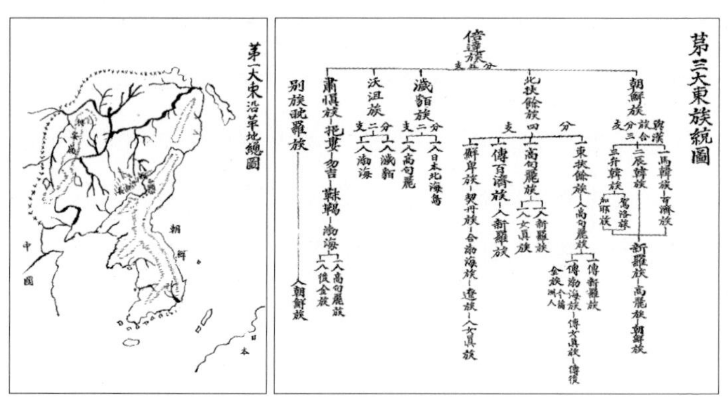

《대동사》 책머리에 있는 〈대동연혁지총도〉와 〈대동족통도〉

닭은 네 개의 도표가 대종교적 역사 인식에 바탕을 두고 강렬한 민족주의적 광채를 발산하고 있었기 때문이었을 것이다.

동산은 평소 한글을 소중하게 여겼다. 그는 공자와 맹자의 가르침을 우리말로 교수하여 깨우치게 하여야 한다고 주장한 바 있고, 실제 자신이 협동학교 교재로 만든 〈이퇴계선생역사대개〉를 국한문체로 저술한 바 있다. 그런 그가 《대동사》를 순 한문으로 서술한 것은 나름대로 이유가 있었다. 그것은 곧 그가 혁신하여야 할 대상으로 여겼던 계층이 유림이었고, 이 책을 그들에게 읽히려면 한문으로 집필할 수밖에 없었던 것이다. 따라서 그가 《대동사》를 순 한문으로 서술하였다고 하여 이를 한문의 권위를 인정한 전근대적 역사 인식 탓으로 돌려

서만은 안 될 것이다. 동산은 신학과 구학은 얼음과 숯의 관계처럼 성질이 전혀 다른 것이 아니며, 구학에서 신학이 나오고 신학은 구학과 연결되어야만 민기(民氣)를 기를 수 있다고 생각하였다. 그렇기 때문에 《대동사》를 순 한문으로 저술한 것은 그의 적극적인 구학개신의 의지로 이해하는 것이 옳을 것 같다.

안동 지역의 한문 사용과 관련한 사례를 하나 들어 보자. 1921년 안동 지방을 취재한 《개벽》지 기자는 안동 양잠강습생 모집 광고가 순 한문으로 된 것을 보고 매우 의아하게 생각하였다. 그 기자는 내막을 알아보고서 안동에서는 순 한문은 읽어도 한글을 읽지 못하는 사람들이 많음을 깨달았다. 심지어 안동 사람 가운데서는 신문에 한글이 많이 실려 있으면 신문조차 읽지 못하는 사람이 많음에 놀랐다. 기자는 이런 현상은 안동이 아니면 듣기 어려운 말이라고 그곳의 지역적 특성을 지적하였다.

한편, 《대동사》가 편년체로 기술되었다는 점에서 근대적이지 못하다는 지적이 있을 수 있다. 역사 서술에서 편년체 서술 방식은 한말 개화파 인사들에 의해 극복되며 이른바 신사체(新史體)가 등장하게 되었다. 그러나 한말의 사서는 여전히 편년체가 주류를 이루었다. 그러다가 1920년대 초기에 들어서야 여러 종류의 통사가 저술되며 완전히 극복되었으니, 《대동사》가 편년체로 기술된 것은 시대적 추세와는 맞지 않는 것이다. 그러나 동산이 《대동사》를 편년체로 기술한 것은 그 자신이 유림의 체질에서 벗어나지 못하였기 때문이기도 하지만, 한편으로는 독자층을 유림 계층으로 설정하였기 때문에 유림들의 정서와 부합하는 편년체를 선택한 것으로도 이해할 수 있다.

이 원고본 《대동사》는 손자 류기원이 소중하게 보관하고 있다가 서울 쌍림동으로 이사하게 되자 당연히 가지고 올라갔다. 그런데 6·25 전쟁이 터지자 류기원은 《대동사》를 서울 집에다 둔 채 북행을 하였다. 이는 그의 사상적 신념에 따른 선택이었다. 류기원은 1·4후퇴 때 서울로 돌아왔다. 다행히 《대동사》는 무사하였다. 그는 다시 북행하고자 하였는데, 이때 《대동사》의 보관이 걱정되어 《대동사》를 싸들고 안암동에 사는 고종사촌 형 김식영의 집으로 찾아갔다. 그러나 가족들이 피난하여 집이 비어 있어 류기원은 하는 수 없이 그 집의 천정을 면도칼로 뜯어내고 그 안에 《대동사》를 넣어 두고는 북행길에 올랐다. 나중에 그 집 주인이 돌아와 전쟁의 와중에 흐트러진 세간을 정리하다가, 천정에 이상한 흔적을 발견하고는 이를 뜯어보니 《대동사》가 들어 있었다. 그들은 이

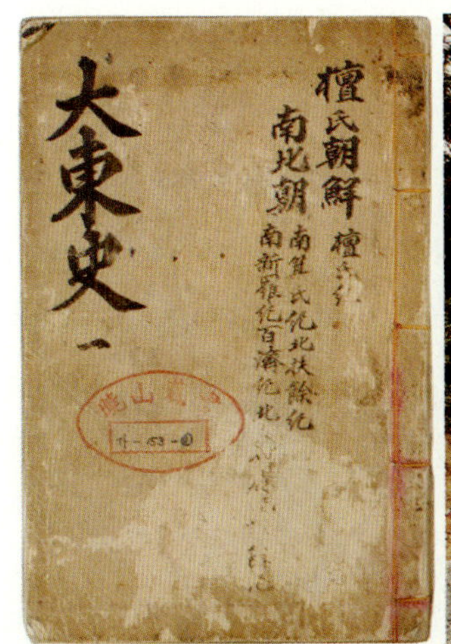

《대동사(大東史)》 등초본. 본래의 크기는 가로 19, 세로 29㎝로서 모두 3권 11책 1,728쪽에 이르는 방대한 분량이다(왼쪽). 협동학교기념비 앞에 선 동산의 손자 류기원(오른쪽의 우측)

를 잘 보관하였다가 나중에 안동으로 보냈는데, 뒤에 남으로 내려온 류기원이 고향에서 수소문하여 이를 어렵게 되찾았다고 한다. 이 사실은 류기원과 그의 사위 이원정의 생생한 구술에 따라 확인된 것이다.

이로써 보면, 《대동사》는 일제의 감시를 피해 저술하고 보존해 온 과정이 극적일 뿐만 아니라, 뒤에 6·25 전쟁의 소용돌이에서 보존된 것도 극적이었음을 알 수 있다.

《대동사》 등초본의 크기는 가로 19, 세로 29센티미터에

11책으로 되어 있고 모두 1,728쪽에 이르는 방대한 분량이다. 각 책은 대개 10행으로 등초되었으나, 11행이나 12행으로 등초된 부분도 있다. 또한 서체로 미루어 볼 때 최소 5명 이상이 등초에 참가하였을 것으로 짐작된다. 《대동사》는 1949년 류림·정현모·이원혁·류주희 등이 《대동시사》와 함께 출간을 추진하다가 6·25 전쟁의 발발로 중단하였다고 한다. 이후 1965년 동산선생기념사업회가 조직되어 《동산문고》를 우선 출간하고, 1978년 《대동사》를 활자본으로 출판하였다(《동산전집》 상). 그러나 오자가 너무 많을 뿐만 아니라, 연대 표기와 주석 처리 방식이 원전과 달라, 이를 이용할 때는 반드시 원전과 대조하지 않으면 오류를 범할 수밖에 없는 형편이었다. 그럼에도 전문 연구자들조차 원본을 보기란 매우 어려운 일이었다. 다행히 2004년 류기원이 등초본을 안동의 한국국학진흥원에 기탁하였고, 2006년 한국국학진흥원에서 이를 표점 영인하여 상·하권으로 출판함으로써 《대동사》는 온전히 세상에 빛을 보게 되었다.

그러나 과제가 남아 있다. 《대동사》에 대한 전문적 연구가 활성화되고, 일반인들도 쉽게 읽기 위해서는 번역과 역주 작업이 필요하다. 그것이 1910년대 일제의 폭압적 무단통치기로부터 6·25 동족상잔의 비극기를 견디며 오늘에까지 이른

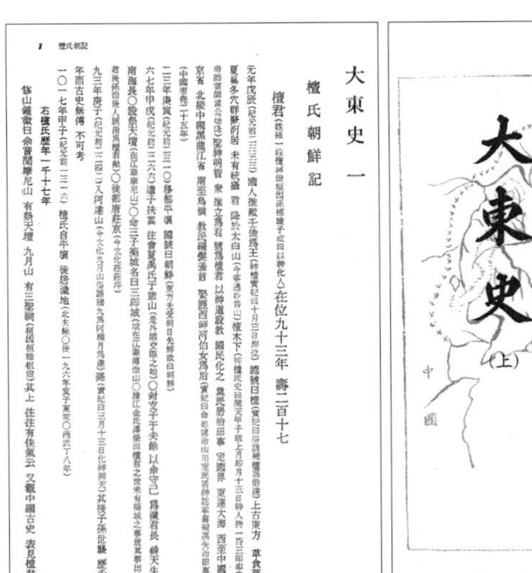

大東史 一

檀氏朝鮮記

檀君〈姓桓一姓檀諱□□檀樹之子或曰以神化人〉在位九十三年 壽二百十七

上古東方 草食菜衣 夏巢多穴群聚而居 未有統攝 君□降於太白山〈今寧邊妙香山〉檀木下□民化之 食民勸耕田事 定疆界 東連大海 西至中國 京省 北接中國黑龍江省 南至鳥嶺 教民耕織爲首 娶體西河河伯女爲后 □□□□□ 後都唐莊京〈今文化莊唐坪〉 南海長〇設祭天壇〈在江華摩尼山〉〇命三子築城名曰三郎城〈城在江華傳燈山〉〇檀江金氏運葉曰檀君之世来有盛故之事怪其事出於檀 君後補簡帙人織補爲檀君報〇 六七年甲戌〈紀元前二三六六〉遷子扶婁 往會夏禹氏于塗山〈是外國交聘之始〉〇封次子于夫餘 以余守己 爲濊君長 禱天生爲 二三二年庚寅〈紀元前二三一〇〉移都平壤 國號曰朝鮮〈東方未受朝日先鮮故曰朝鮮〉 〈中國歷卷二十五年〉 九三二年庚子〈紀元前二三四二〉入阿達山〈今文化九月山留語躪九爲阿頼月爲達〉稱〈實紀曰三月十三日化神祠壬〉其後子孫世襲 歷千餘 年而古史無傳 不可考 一〇一七年甲子〈紀元前二三一六〉 檀氏自平壤 後居濊地〈北夫餘〇後一九六年甲子寅亥〇南武丁八年〉 恰山嶺徵曰余嘗聞摩尼山 有祭天壇 九月山 有三聖祠〈桓因桓雄桓儉〉其上 往往有佳氣云 又觀中國古史 表見檀君王

《대동사》 활자본. 동산선생기념사업회에서 1978년 《동산전집(東山全集)》 상권으로 간행하였다(왼쪽). 2006년 안동의 한국국학진흥원에서 표점하여 영인 출판한 《대동사》 영인본(오른쪽).

소중한 《대동사》에 대한 후손의 책무이다.

동산은 사거하기 직전까지 《대동사》 11권과 《대동시사》 2권 등의 저서와, 〈태식록〉과 〈학범〉 등의 논설, 그리고 수백 편의 한시를 남겼다. 그런데 그의 저술 가운데 현재 전하는 것은 절반도 되지 않는다고 한다. 그 까닭은 그가 계몽운동가로 나서기 이전에 저술한 문장은 '쓸데없는 헛소리'라고 여겨 스스로 불태워버렸고, 나머지 상당수 저술마저 6·25 때 유실되는 비운을 겪었기 때문이다. 그가 계몽운동가로 사상을 바꾸기 이전에 저술한 문장을 스스로 불태웠다는 사실은, 그의 개화사상과 계몽운동에 대한 단호한 실천적 의지를 보여주는 것이라 할 수 있다.

동산의 저술로 남아 있는 것은 《대동사》 11권과 《대동시사》 2권 및 《동산문고》 2권 등 모두 15권이다. 이 가운데 일부는 뒤에 별도의 장에서 중점적으로 논하기로 하고, 여기서는 《동산문고》에 대해서만 살펴보기로 한다.

《동산문고》는 1965년 동산선생기념사업회가 결성되어 2권 1책으로 간행한 것이다. 본서의 구성은 전통적 문집 체재를 따랐는데, 1권에는 시(詩) 12수·만(輓) 12수·서(書) 28통을 비롯하여 제문(祭文) 13·뇌문(誄文) 1·묘지명(墓誌銘) 1·유사(遺事) 1편이 수록되어 있고, 2권에는 〈태식록〉을 비롯하여 8개의 논설로 구성된 잡저(雜著)와, 부록으로 〈약력〉 등 17개 기사와 발문과 후기 등으로 이루어져 있다.

서는 그가 척족과 문인 사이에 주고받은 간찰이다. 서에서 가장 특기할 것은 그의 스승인 척암 김도화에게 보낸 장문의 〈상김척암선생(上金拓菴先生)〉임은 다시 말할 필요도 없다. 나머지 서한에서도 동산은 완고한 유림을 신랄하게 비판하고 개화와 개혁의 필요성을 역설하였다. 잡저는 〈태식록〉·〈학범〉·〈김사기오(金史記誤)〉·〈남정일록(南征日錄)〉·〈조선여일본관계(朝鮮與日本關係)〉·〈통백학서당사림(通白鶴書堂士林)〉·〈우인난(友人難)〉·〈이퇴계선생역사대개(李退溪先生歷史大槪)〉 등 8개의 논설로 이루어졌는데, 이 가운데 〈학범〉과 〈김사기오〉·〈조선여일본관계〉는 따로 논의할 기회가 없어 여기에서 언급해 두기로 한다.

〈학범〉은 1919년 겨울에 신학을 공부하는 이원박과 김동택이 구학과 신학에 대해 질의한 내용을 1920년 1월에 정리한 것이다. 〈학범〉은 동산의 교육사상이 양계초(梁啓超, 1873~1929)의 영향을 받았음을 입증하는 논설이다. 여기에서 동산은 우리나라 청년들이 힘써야 할 바를 15개 항에 걸쳐 설명하였다. 그는 학자는 시세(時勢)의 추이에 따라 변하여야 하며, 시의(時宜)에 합당하고 쓰임새가 있어야 한다고 하였다. 그는 〈학범〉을 통해 구학인 유학사상과 신학인 개화사상을 어떻게 이해할 것인가에 대해 솔직한 견해를 밝혔다. 또한 교육 문제와 학문의 방법은 물론, 시대 변화에 적응하기 위해 청소년들이 갖추어야 할 것들을 제시하였다.

〈김사기오〉는 1923년 김택영이 저술한 《한사경(韓史綮)》을 비판한 평론으로 그의 역사 인식을 집약적으로 보여준다. 동산은 이 글의 저술 목적을 다음과 같이 설명하였다.

김택영은 개성 사람이다. 재주가 뛰어나고 스스로 옛 문장에 힘써 이전 사람들을 답습하지 않고 근세의 가볍고 화려한 문체로 고치고자 노력한 뛰어난 선비이다. …… 일찍이 우리나라 역사가 제대로 기술되지 않음을 걱정하여 《동사집략(東史輯略)》을 엮어 세상에 내놓았는데, 사직이 망하자 중국의 회남으로 도망하였다. 《집략》이 미완인 곳이 많으므로 《한국역대소사(韓國歷代小史)》 4책으로 개편하여 단군과 기자부터 고려시기까지 서술하였고, 또 조선시대사를 3책으로 서술하였으니 이를 《한사경》이라 하는데, 우리나라와 관계되는 다른 나라의 역사를 널리 참고하여 많은 것을 서로 비교하여 입증하였으니 가히 공이 있는 사가(史家)라 하겠다. 그러나 그 책이 당국의 금압으로 나라 안에 널리 유포될 수 없었으니 내가 일찍이 보지 못한 것을 한으로 여겼는데, 계해년(1923년) 봄에 경성에 머물 때 한 권을 구하여 여러 차례 읽어보니 비록 잘된 곳도 있었으나, 고증과 근거가 완전치 못하고 의론이 엉뚱하게 다른 곳이 많다. 만일 이 책이 잘된 사서라고 여겨져 후세에 전해지면 어린 선비들이 잘못된 것을 그대로 이어받아 자국정신이 결핍될 것이다. 이에 특히 심한 것을 들어 조항별로 아래에서 바로잡는다. ……

김택영은 한말의 사학을 대표하는 사가이다. 더욱이 그가 《동사집략》(1902)을 증보하여 발간한 《역사집략》(1905)은 당시까지 한국사 연구를 집대성한 사서로 평가된다. 동산은 《대동사》를 저술할 때 김택영 사학의 영향을 많이 받았다. 그러나 그는 이 논설에서 김택영의 《한사경》 가운데서 종족과 영토 문제, 단군과 기자조선 문제 등 고대사 부분과, 특히 조선 태조와 세조기의 찬위 기술을 집중적으로 비판하였다. 그의 아버지 류필영도 김택영의 역사 인식을 신랄하게 비판하였음은 앞에서 말한 바와 같다.

〈조선여일본관계〉는 고대 이래 한·일 두 나라의 관계사를 기술한 논설이다. 여기에서 류인식은 주로 우리 문화의 일본 전파와, 근대 이후 일본의 침략 과정을 상세하게 설명함으로써 일본의 배은망덕함을 지적하였다. 그는 논설의 말미에서 일본이 오래 전부터 한국에 대한 침략 야욕을 지니고 있었는데, 명치유신 뒤 외국의 눈치를 살피다가 청일전쟁과 러일전쟁을 거치며 거리낌 없이 '을사오조약 – 정미칠조약 – 경술국치'의 세 단계로 우리나라를 병탄하였으니 슬픈 일이라고 개탄하였다. 이 논설은 그의 일본에 대한 인식을 잘 보여준다.

12

대동 민족의 역사를
남북조사관으로 통찰하다

《대동사》는 단군에서부터 1910년의 경술국치까지를 서술한 통사이다. 같은 시기의 대표적 민족주의 사가인 신채호나 박은식이 통사를 저술하지 못하였고, 또한 1910년대에 경술국치까지를 대상으로 서술한 통사가 거의 없다는 점에서 이 책의 사학사적 위상은 매우 중요하다고 할 수 있다.

이 책은 3권 11책으로 이루어졌다. 책의 앞머리에는 〈대동연혁지총도〉 등 우리나라 역사의 계통과 영역을 밝힌 네 개의 도표와 범례(17조), 인용서목이 제시되어 있다. 본문의 구성은 아래와 같다.

1권 단씨조선기(檀氏朝鮮紀)와 남북조기(南北朝紀) : 1〜3책

2권 고려기(高麗紀): 3~5책

3권 조선기(朝鮮紀) 및 부록(역대왕실계보): 6~11책

　　책머리의 도표는 읽는 이에게 애국심을 고취시키고자 한 동산의 역사 인식을 집약적으로 보여준다. 이는 신채호의 대조선주의(大朝鮮主義)와 대종교의 범동이민족주의(凡東夷民族主義) 사관과 일맥상통한다. 또한 범례 17조는 《대동사》 서술의 원칙과 방향을 동산 스스로가 제시한 것으로 눈길을 끈다. 범례 17조의 내용은 《대동사》를 이해하는 데 매우 중요하다. 이를 간단히 요약 정리하면 다음과 같다.

　　제1조(저술 목적): 비록 현재 우리나라 역사책이 여럿 있으나 상세하고 소략함이 서로 같지 않고 체재가 갖추어져 있지 않아 유감인 바, 여러 권을 합하고 가려내어 여기에 자신의 의견으로 의례(義例)를 바로 잡아 열람에 편리하도록 하겠다고 하였다. 이는 한말 사가들의 저술의 변과 비슷하다.

　　제2조(책 이름): 동사(東史)에 '대(大)' 자를 더하여 우리나라 역사의 존중함을 표하겠다고 하였다. 역사책 이름에 '대동'을 명칭으로 사용한 것은 한말 사학에 이르러서이다. 그러나 이 명칭은 경술국치 이후에는 일제의 탄압으로 거의 사용할 수 없었다. 그러나 동산은 사서인 《대동사》뿐 아니라

《대동시사》에서도 '대동'이라는 용어를 사용함으로써 강렬
한 민족주의와 국가의식을 표방하였다.

제3조(남북조사관): 동산은 기자가 직접 단군을 이었다고
하는 옛 역사와 기자를 이민족으로 간주하여 우리 민족사로
인정하지 않는 근세의 역사가들을 모두 비판하였다. 그는 단
군 이후의 민족사를 남북조로 나누되, 북조(부여)는 기씨(箕
氏) − 위씨(衛氏) − 4군2부(四郡二府) − 고구려 − 발해로, 남
조(기씨)는 마한이 백제·가락·신라로 나뉘었다가 고려와 조
선으로 계통과 차례가 이어진다고 설명한다. 이 같은 동산의
남북조사관은 민족주의 사가들이 삼국 멸망 이후의 발해와
신라를 남북조 개념으로 이해했던 것과는 큰 차이를 보이는
매우 독특한 것이다.

제4조[기년(紀年)의 표기]: 《동사집략》의 예가 타당하다
며, 단기를 기원으로 크게 쓰겠다고 하였다. 여기에도 단군
자손의 자부심이 강하게 표현되어 있다.

제5조(권수의 도표): 권수(책머리)에 붙인 4개의 도표는 애
국심을 일으키기 위한 것이라고 하였다. 그의 역사 서술의
목적을 잘 드러내고 있다.

제6조(황당한 사실의 서술): 단군과 삼국사가 허무맹랑하여
믿기 어려운 것이 많으나, 오랜 전승을 지닌 것이기 때문에
그 사실을 없앨 수 없어 기사 아래에 주를 달아 고사에 대비
케 한 것이라고 하였다. 이는 한말의 역사서인 《조선역대사
략》이나 《동사집략》과 같은 서술 방식으로써 김택영 사학의

영향을 받았음을 보여준다.

제7조(중국 기년의 표기): 이전의 역사책에서 중국의 기년을 앞부분에 쓰거나 뒷부분에 씀으로써 주객이 뒤바뀐 듯 하였는데, 이를 모두 없애고 연호를 바꾼 부분이나, 우리나라의 기사가 끝나는 곳에만 밝혀 열람에 편하게 하겠다고 하였다. 이 또한 자주적 역사의식의 표출이라고 할 수 있다.

제8조(칭원법): 왕이 즉위한 해를 원년으로 일컬은 《동국통감》은 잘못이며, 즉위 이듬해를 원년으로 삼아 유년(踰年) 칭원(稱元)을 한 《동사집략》의 예를 따를 것임을 밝혔다.

제9조(외국 기년의 표기): 일본·몽고·거란 등의 국가도 우리나라와 관계되는 부분은 중국의 예에 따라 본 기사 아래에 기년을 기록한다고 하였다.

제10조(강역의 표기): 옛 역사책이 단군과 기자, 삼국의 강역을 제대로 서술하지 못하여 어린 선비들을 혼란스럽게 하였으나, 정약용의 《강역고》가 정밀하고 상세하며 해박하여 이를 인용한 《동사집략》을 따를 것임을 밝혔다.

제11조(고려 이전의 서술): 고려 이전 시기는 《동국통감》이 비록 입론에서 잘못이 많고 고증이 정밀하지 못한 부분이 있으나, 기년 기사가 갖추어져 있고 《동사집략》도 이를 따랐으므로, 두 사서를 참조하여 기술하겠다는 원칙을 밝혔다.

제12조(인용 원칙): 역사적 사실을 둘러싸고 논의를 전개한 부분은 인용자를 밝혀 사가들의 뜻을 거스르지 않겠다고 하였다.

　제13조(본인 의견의 구별): 자신의 의견을 밝히는 곳은 '안(按)' 자를 붙여 인용한 부분과 구별한다고 밝혔다.

　제14조~제17조(조선시대사의 서술 원칙): 조선시대사는 여러 역사책을 두루 조사하고 《국조고사(國朝故事)》와 《대동기년(大東紀年)》을 표준으로 삼아 서술한다고 하였다. 당론은 고질적 폐단을 가져온 것으로 여러 문적을 두루 고찰하여 사실대로 서술하겠으며, 어느 당론에도 치우치지 않은 공평한 처지에서 서술한 것임을 강조하였다.

　위의 범례를 보면, 계통론이나 기년 기사의 표기방식, 칭원법 등은 《동국통감》 등 전통 사서나 《동사강목》 등 실학 사서의 범례와 비슷하다. 또한 김택영의 《동사집략》의 범례를 참작하였던 것으로 짐작된다. 따라서 1910년대의 역사 서술로는 시대적 추세와 맞지 않는 내용들이 있다. 그러나 망국의 현실을 감안하여 계몽운동과 독립투쟁을 전개하던 시점에서 애국심을 강조한 것은 다른 역사서와는 분명한 차이로 이해해야 할 것이다. 결국 이 범례에 나타난 동산의 역사 인식은 유림으로서 전근대적인 면모를 완전히 탈피하였다고 볼 수는 없으나, 근대를 지향하는 과도적 단계로 평가할 수 있을 것이다.

　한편, 이 책에는 인용서목이 제시되어 있다. 그런데 인용서목은 등초본과 동산선생기념사업회에서 간행한 활자본, 한국

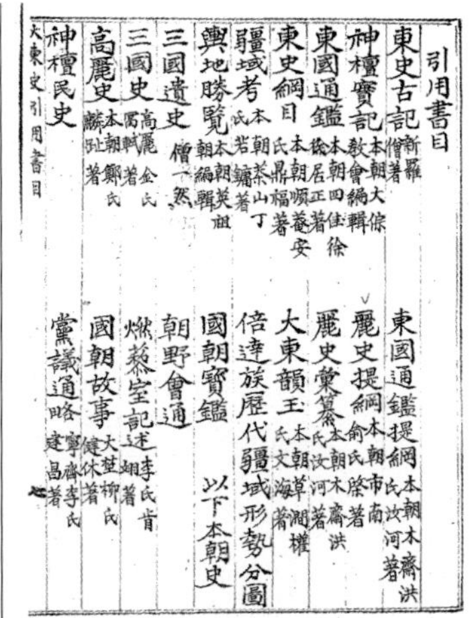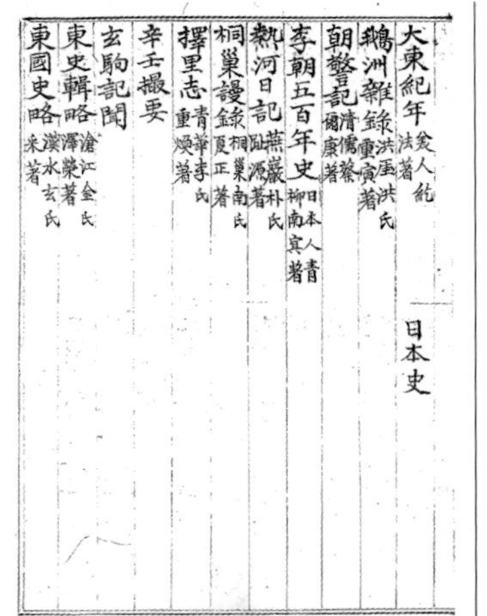

《대동사》 등초본·활자본·영인본에 모두 누락된 인용서목

국학진흥원에서 간행한 영인본에 모두 빠져 있다. 그 까닭은 본래 인용서목은 등초본 제1권의 7쪽 부분인데, 책자로 묶을 때 빠진 것을 손자 류기원이 별도로 보관하였기 때문이다. 인용서목으로는 우리나라와 중국·일본의 참고문헌 32종이 제시되었는데, 여기에 제시된 참고문헌을 순서대로 정리하면 아래와 같다.

《동사고기(東史古記)》·《신단실기(神檀實記)》·《동국통감 (東國通鑑)》·《동사강목(東史綱目)》·《강역고(疆域考)》·《여

지승람(輿地勝覽)》·《삼국유사(三國遺事)》·《삼국사기(三國史記)》·《고려사(高麗史)》·《신단민사(神檀民史)》·《동국통감제강(東國通鑑提綱)》·《여사제강(麗史提綱)》·《여사휘찬(麗史彙纂)》·《대동운옥(大東韻玉)》·《배달족역대강역형세분도(倍達族歷代彊域形勢分圖)》·《국조보감(國朝寶鑑)》·《조야회통(朝野會通)》·《연려실기술(燃藜室記述)》·《국조고사(國朝故事)》·《당의통략(黨議通略)》·《대동기년(大東紀年)》·《아주잡록(鵝洲雜錄)》·《조경기(朝警記)》·《이조오백년사(李朝五百年史)》·《열하일기(熱河日記)》·《동소만록(桐巢謾錄)》·《택리지(擇里志)》·《신임촬요(辛壬撮要)》·《현구기문(玄駒記聞)》·《동사집략(東史輯略)》·《동국사략(東國史略)》·《일본사(日本史)》

그런데 박은식의 저술처럼 실제 본문에서 인용하였으나 인용서목에는 누락된 사서도 많다. 따라서 그가 참고한 문헌은 인용서목으로 제시한 것보다 많다. 이처럼 범례 뒤에 인용서목을 제시하는 방식은 김택영이 찬술한 《동사집략》의 편제를 참고한 것으로 보인다.

인용서목을 보면, 그는 실학과 대종교 관련 사서를 많이 인용하였음을 알 수 있다. 이 가운데 《배달족역대강역형세분도》는 퇴계의 14세손으로서 안동의 혁신 유림이었던 이원태가 만주로 망명하였다가 귀국한 1918년께 김교헌의 지도를 받으며

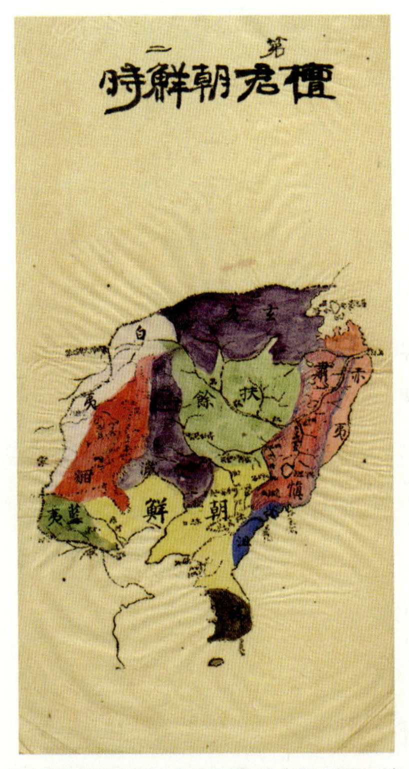

이원태의 《배달족강역형세도》 가운데 〈제2 단군조선시〉

저술한 것으로, 1923년 등사·인쇄한 《배달족강역형세도》를
말한다. 그런데 그가 이를 참고문헌으로 제시한 것은 그의 역
사 인식이 대종교에 바탕을 두고 있음과 함께, 그가 《대동사》
를 집필하고 수정한 시기가 1920년대 전반기까지 계속되었을

가능성도 보여주고 있는 것이다.

동산이 대종교에 가입하였고 대종교 역사 인식의 영향을 받았음에도, 그가 '2천년 국수(國粹)'로 여긴 것은 오직 공교(孔敎)였다. 그는 공자의 도가 백왕의 으뜸이라 하였고, 우리나라가 이를 가장 숭상하여 예의의 나라로 천하에 알려진 것이라고 하였다. 비록 그는 대종교와 천도교가 공교의 범위를 벗어난 것은 아니라고 보았으나, 이는 결국은 사교나 불교와 같은 존재에 지나지 않는다고 하였다. 곧, 동산은 청년들이 공교를 국수로 신앙하여 제일의 목표로 삼아야 한다고 주장한 것이다. 지금부터는 본문의 서술내용과 특징을 정리해 보기로 한다.

1) 단씨조선기

동산은 단군을 국조로 하고 배달족을 종족으로 하는 단일민족사를 체계화하였다. 그는 우리 민족이 단군의 자손이라는 점을 여러 차례 강조하였으며, 단군 혈통에 큰 자부심을 지니고 있었다. 그는 우리나라의 역사를 다음의 표와 같이 계통화하였다.

이 표는 책머리의 〈대동연혁국차도〉로서, 위만을 남조 기씨로 직결시킨 부분은 의아스럽다. 그러나 이 표에서 알 수 있는 바와 같이 동산의 역사 인식 체계에서 가장 독특한 것은

第二 大東沿革國次圖
檀氏朝鮮
北朝 扶餘
南朝 箕氏
東扶餘
北扶餘
沸流
濊貊
東沃沮
北沃沮
女眞
肅愼
粟末
衛滿 四郡二府
馬韓
辰韓
弁韓
百濟
新羅
駕洛
加耶
新羅
高句麗 渤海
泰封
後百濟
高麗 朝鮮

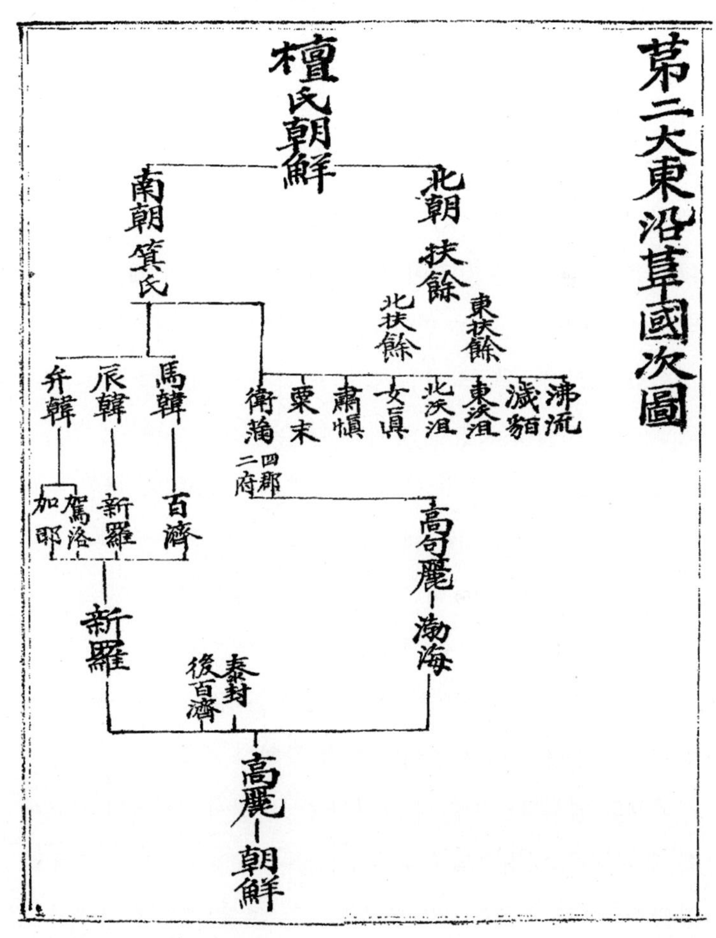

대동연혁국차도

남북조사관이다. 남북조 개념은 실학자 유득공의 구분 이래 신라의 삼국통일을 부정하고 발해를 민족사로 수용하려 한 민족주의 사가들에 의해 일반화한 것이다. 그러나 동산의 남 북조사관은 이와는 전혀 다르다. 그가 개념화한 남북조는 북 조 부여와 남조 기씨 아래 통일 왕조인 고려로 이어지기까지 존재했던 정치 세력과 집단을 족통의 전개와 남·북의 방위 (方位)에 따라 구분한 것이다. 이는 단순히 방위 개념에 따른 남북조 개념이 아니라 민족사의 범위를 넓혀 이해하고자 한 것으로 보인다. 곧, 국가 중심의 국가사가 아니라 민족 중심 의 국가사 서술을 지향한 것이라 할 수 있다.

이러한 동산의 역사 인식은 우리의 고대사를 단군 – 부 여 – 고구려로 이어지는 계통과, 기자 – 마한(삼한) – 삼국으 로 이어지는 계통으로 이해하였던 이종휘의 고대사관의 영향 을 받은 것으로 보인다. 좀더 구체적으로 말하면, 이종휘의 고대사 인식에 영향을 받은 신채호나 대종교 계열 사가들의 영향을 받았다고 하는 편이 정확할 듯하다.

동산의 남북조사관은 김교헌이 《신단민사》의 머리 부분에 서 제시한 〈남북강통일국계표(南北疆統一國系表)〉와 견주어 볼 필요가 있다. 김교헌은 배달족이라는 족통 계보를 중심으로 만주와 한반도가 하나의 국가로 통합된 시대를 통일시대로 보고, 그렇지 않았던 시대는 열국시대 또는 남북조시대라고 보았다. 따라서 신시(神市)시대와 배달시대만이 통일시대이며, 삼국은 열국시대, 통일신라와 고려는 물론 조선까지를 남북조로 보았던 것이다. 물론 김교헌의 남북조사관은 열국시대란 구분과, 고려와 조선까지를 남북조로 설정한 점에서 동산의 남북조사관과는 차이가 있다. 그러나 남북조의 개념을 족통의 전개를 기준으로 설정하였다는 점에서는 일치한다. 결국 동산의 남북조사관은 대종교 계통 사가의 역사 이해 체계와 관련성은 인정되나, 이를 그대로 수용하지 않고 변형한 독특한 구분이라 할 수 있다. 따라서 《대동사》에서는 1895~1905년 동안의 사서에서 고대사를 체계화할 때 압도적 논리였던 삼한정통론이 자연히 부정되었던 것이다. 따라서 발해가 당연히 민족사의 정통 왕조로 포함될 수 있다.

그의 남북조사관은 족통의 해석과 밀접한 연관성을 지니고 있다. 그는 배달족을 조선족·북부여족·예맥족·옥저족·숙신족 등 5개의 지파로 나누었다. 그리고 이들 지파가 나뉘는 모습을 설명하였는데, 처음 분파된 조선족이 삼한으로 나뉘었다가 신라족 – 고려족 – 조선족으로 이어지는 도식으로 설명하였다. 이 도식에서는 선비·거란·요·금·여진·후금·말갈은 물론, 일본 홋카이도까지 배달족의 범주에서 논의하고 있어 눈길을 끈다. 이는 이른바 대종교의 범동이민족주의의 역사 인식 체계와 같은 것이다. 실제로 동산의 〈대동족통도〉는 김교헌의 〈족통원류〉와 아주 비슷하다.

단군세기에 대한 서술은 김교헌의 《신단실기》와 《신단민사》의 내용과 같다. 그런데 단군이 아들 부루(扶婁)를 하우(夏禹)의 도산회(塗山會)에 보낸 기사에서 이를 외국과 교제한 시초라고 하였고, 삼랑성(三郎城) 축성 기사에서 이를 후대 사람들의 잘못이라고 지적한 김택영의 주장을 별도로 소개하였다. 김택영은 단군조선을 '기(記)'로 격하하고, 단군이 백성들의 추대를 받아 '주(主)'가 되었다고 하며 단군의 죽음을 '몰(沒)'이라고 낮추어서 표현하였다. 그러나 동산은 이를 각각 '기(紀)', '군(君)', '훙(薨)'이라고 높여 표현에 차이를 보인다. 이는 김택영이 단군의 실재를 부정하고 서술에 소극적이었던 것과 달리, 동산은 단군국조론과 단군혈손론을 주장하였던 인식의 차이에서 말미암은 것으로 보인다.

단군조선기를 서술하며 동산은 권근·이종휘·이익·박지원·안정복·정약용·박은식 등 많은 사가의 견해를 인용하였다. 더욱이 《신단실기》를 인용하여 단군변·단군릉변·태백산변·평양패수변·단군강역고·고속습유·족통원류 등을 고증하고 설명을 덧붙였다. 이 또한 동산의 역사 인식이 대종교의 역사 인식 체계와 밀접히 연관되어 있음을 반영하는 것이다. 이로써 보면, 동산이 《대동사》를 저술하며 특히 관심을 두었던 범위는 종족과 영토에 집중되어 있음을 알 수 있다. 이는 신채호 사학의 유형과 비슷한 것으로, 초기 민족주의 사학의 성격과 일맥상통하는 것이다.

동산은 이 부분의 말미에서 단군과 삼국 이상의 역사가 근거가 없거나, 혹은 구전이나 승려들의 잡기 등에 있더라도 황당하고 이치에 맞지 않는 것은 유감이라고 하였다. 그러나 그는 황당하고 엉터리 같은 기사는 사마천의 《사기》를 비롯한 다른 여러 나라의 사가들에게도 공통된 일이므로, 유독 우리나라 역사에서만 미비함을 한탄하고 이치에 맞지 않는다고 하여 말살한다면, 천하의 사서 가운데 믿을 것이 얼마나 되겠냐고 반문하였다. 또한 우리나라 역사서와 중국 역사서에서 관련 사실을 널리 모아 편집한 뒤 박식한 사람이 선택하기를 기다리겠다고 하였다. 곧, 그는 단군 기사의 사실성을 부정하지 않으면서도, 평가는 후대로 미루는 신중한 자세를 보인 것이다. 이는 대부분의 한말 사가들이 단군 서술에 소극적이거나 부정적이었던 것과는 대비되는 부분이며, 단군에 대한 그의 인식을 잘 보여준다.

2) 남북조기

남북조기는 기자 원년(단기 2112년, B.C. 222년)부터 고려 태조
18년(935년)까지를 다음과 같이 6시기로 구분하여 서술하였다.

    ① 남조 기씨조선   북조 부여(기자 원년, B.C. 222년~
기왕준 27년, B.C. 194년)

    ② 남조 기씨마한   북조 위만평양(기준 원년, B.C. 193년
~마한 멸망, 9년)

    ③ 남조 신라 백제   북조 고구려 부여(신라 남해왕 7년,
10년~신라 조분왕 17년, 246년)

    ④ 남조 신라 백제   북조 고구려(신라 첨해왕 원년, 247년
~신라 진흥왕 36년, 575년)

    ⑤ 남조 신라 백제   북조 고구려(신라 진지왕 원년, 576년
~신라 신문왕 11년, 691년)

    ⑥ 남조 신라(후백제)   북조 발해(태봉)(신라 효소왕 3년, 694년
~고려 태조 18년, 신라 경순왕 9년, 935년)

여기에서 알 수 있듯이 삼국시대는 신라를 기준으로 시기
구분하고 편책하였는데, 이는 그의 역사 인식에 봉건적인 잔
재가 남아 있음을 보여주는 것이라 할 수 있다. 그러나 남북
조기의 하한을 고려의 후삼국 통일로 설정한 것은 근대적이

고 민족주의적 역사 인식을 보여주는 것이라 할 수 있다.

동산은 기자동래설을 취하였다. 그가 신채호가 부정한 기자동래설을 취한 것은 의아스러우나, 그의 기씨조선에 대한 해석은 주목된다. 그는 기자가 은나라의 종친으로서, 주나라에 신하로 굴복하지 않았고 책봉된 사실이 없음을 강조하였다. 또한 우리나라 사람들이 오랫동안 기자에게 교화를 받았으므로 남북조로 나누어 존중해 주는 것이 도리에 맞는 것이라고 주장하였다.

여기에서 몇 가지 눈길을 끄는 사실이 있다. 그는 팔조금법에 대한 안정복의 설명을 훌륭한 견해라 하며 8조의 내용을 소개하였다. 그런데 이 사실을 그대로 믿을 수는 없으나 기록해 둠으로써 후대에 널리 검토하기를 기다린다고 하였다. 또한 기자의 죽음을 '훙(薨)'이라고 표현하였으나, 평양에 있는 기자릉은 사실이 아니라고 부정하였다. 위만의 죽음을 '졸(卒)'이라 표현한 것과 대비되는 부분이다.

이 부분에서 그의 역사 서술은 실증적이고 합리적인 면모를 보인다. 곧, 그는 김택영이 《동사집략》에서 근거도 없이 기자부터 마한까지의 기년 기사에서 '무슨 왕 몇 년'이라고 기록한 사실과, 중국의 기년을 표기한 사실을 비판하였다. 그는 중국 기년을 사용하는 것은 아무런 의미가 없는 것이라서 국조인 단군 기원을 사용하겠다는 것을 다시 강조하였다. 그런데 공자의 탄생을 본문에서 서술하며, 유독 우리나라가 그를 가장 믿고 존경한다고 서술하였다. 이는 예수의 탄생을 별도로 서술한 부분과 대비해 볼 때, 유학자로서 다른 종교와 비교의 측면에서 유교의 우월함을 나타내고자 한 의도로 여겨진다.

한사군에 대하여는 조선인이 한나라의 법을 따르지 않은 자주적 측면과, 한사군으로 말미암아 풍속과 교화 등에서 나타난 부정적 측면을 함께 서술하였다. 그러나 현도군의 소재는 국내로 비정하였다. 한사군의 소재 비정은 신채호 등에 의해 논의가 활발히 이루어진 바 있다. 조선 후기에 홍여하·이익·이종휘 등이 진번·현도군이 압록강 이북에 있었다는 견해를 주장한 이래 한말 사학에서 이런 주장이 대부분 받아들여졌으며, 최경환·정교가 함께 지은 《대동역사》(1905)에서는 낙랑 이외의 삼군이 만주에 있었다고 해석하였다. 따라서 그가 어떤 근거로 현도군의 국내 소재를 주장하였는지는 알 수 없다.

삼국시대는 간지·단기·신라·고구려·백제의 왕년 순서대로 서술하였다. 이는 김택영의 역사 저술 체재와 같은 것이다. 그가 단기를 강조하면서도 간지를 앞에 내세운 것은 역사 인식의 전근대성이라 지적할 수도 있으나, 유림들을 대상으로 한 사서라는 점이 고려되어야 할 것이다.

삼국의 서술은 《삼국사기》의 편년에 따랐다. 삼국시대를 《삼국사기》의 편년에 따라 서술하는 것은 한말까지 일반적인 경향이었다. 그러나 현채가 《보통교과동국역사》(1899)의 〈역대왕도표〉에서 고구려 – 백제 – 신라 순으로 설명한 이래, 1910~1920년대 민족주의 사학에서는 《삼국사기》의 편년을 무시하거나, 설령 따르더라도 고구려 중심으로 서술하는 것이 일반적이었다. 그럼에도 동산이 《대동사》에서 《삼국사기》의 편년을 따른 것은 그의 역사 인식의 전근대성으로 지적하지 않을 수 없다.

동산의 고대사 인식이 봉건적 범주에서 탈피하지 못하였다는 것을 보여주는 사례로서 신라의 선덕·진덕·진성 등 세 여왕을 '여주(女主)'로 표기한 것을 들 수 있다. 여왕을 여주로 표기한 것은 《동국통감》에서 《삼국사절요》를 계승하며 체계화 한 것이다. 이 체계는 철저하고 엄격한 정통론을 전개한 《동사강목》에서 더욱 강화되었지만, 한말 사학에서는 《조선역대사략》 외에는 받아들이지 않은 중세적 역사 인식의 잔재였다. 그런데 동산 자신이 의욕적이고 독창적으로 설정한 남북조사관과는 정면으로 배치되는 정통론에 바탕을 두고 춘추의례의 도덕적 명분론에 치우친 역사 서술을 하였다는 것은 모순된 일이다. 결국 그의 역사 인식과 서술의 괴리와 한계를 드러낸 것이라 할 것이다.

한편, 여러 방면에서 독립투쟁을 주도하였고, 〈조선여일본관계〉란 논설에서 일본의 배은망덕함을 꾸짖은 그가 임나일본부설을 무비판적으로 받아들인 것은 매우 안타까운 일이다. 그는 이 책에서도 우리 고대 문화의 일본 전파를 상세히 설명하고 일본의 침략상도 소홀히 다루지 않았다. 그러나 신라 내해왕 4년조에서 《일본사》를 인용하여 히미코(卑彌呼)의 신라 침공 기사를 설명하였고, 조분왕 17년조에서도 왜가 대가야를 공격하여 행부(行府)를 설치하고 군사를 주둔시켰다는 사실을 서술하였다. 뿐만 아니라 진흥왕 23년조에서는 임나일본부가 315년 동안 존속하다가 없어진 것이라고 하여 실재하였음을 설명하였다. 동산은 《대동사》는 물론 〈조선여일본관계〉에서도 임나일본부를 역사적 사실로 보았던 것이다.

일본 사서를 인용하여 임나일본부설을 무비판적으로 수용한 것은 한말 사학의 큰 결점으로 지적되는 것이다. 신채호는 그 대표적인 사례로 김택영의 《동사집략》과 장지연의 《대한강역고》를 지적하고 이를 신랄하게 비판한 바 있다. 동산이 《대동사》를 저술한 시기는 신채호의 임나일본부 비판이 공개되고 훨씬 뒤였다. 또한 그는 이세적과 소정방이 고구려와 백제를 멸망시키고 먼저 역사책을 불사른 것은 백성들의 애국

심을 차단하려 한 행위라고 지적했듯이, 사서와 애국심의 상
호관계를 강조하였다.

동산이 임나일본부설을 그대로 수용한 것은 일본 사서를
참고한 때문이기도 하겠으나, 김택영 사학의 영향으로 보는
것이 타당할 듯하다. 곧, 그의 항일투쟁과는 별개로 사실(史
實)의 이해에 미흡한 결과 제국주의 사학에 침몰하여 간 김택
영 사학의 오류를 그대로 따랐던 것이라 할 수 있다.

그러나 삼국시대의 서술에서도 그의 실증적이고 비판적인
태도를 확인할 수 있다. 그는 난생설화 등의 황당함을 지적하
며 이를 모두 삭제하였다. 또한 그는 김부식 이래 김택영 등
많은 사가의 견해를 인용하면서도 자신의 의견과 다른 부분
은 반드시 사론을 펼치며 따졌다. 이 가운데에 가장 많이 인
용하며 이견을 제시한 것 또한 김택영의 사론이었다.

동산은 삼국시대를 대개 긍정적으로 인식하였다. 그는 단
군이 문화를 개창하고 패권국가를 이룬 이래 자손들이 용맹
하게 강역을 지켜왔고, 삼국시대에는 중국과 오랫동안 혈전
을 치렀으니, 동양에서 무력이 강한 나라로는 으뜸이라며 강
한 자부심을 표현하였다.

그의 삼국시대에 대한 인식을 잘 보여주는 것은 신라의 삼
국통일에 대한 서술이다. 그는 양만춘을 불세출의 호걸이고

수천 년 동안 역사에서 광채를 띤 인물로 극찬하였고, 연개소
문을 의기가 뛰어난 인물로 평가하였다. 그는 연개소문이 축
성한 천리장성을 특별히 서술한다고 하였으며, 백제와 고구
려의 멸망을 안타까워 하였다. 따라서 신라의 당군 청병과 삼
국통일에 대해서는 비판적이다. 곧, 그는 고구려와 백제는 모
두 단군으로부터 나온 부여에서 갈라진 왕조로, 삼국이 서로
돕고 화목하여 나라를 잘 유지하였다면 동방에 우뚝 설 수 있
었을 터이나, 판단을 잘못하고 생각이 짧아 서로 전쟁을 한
것을 개탄하였다. 이어서 그는 신라가 당에 병력을 구걸하여
7백 년 역사를 지닌 양대 강국을 하루아침에 폐허로 만든 것
은 외구(外寇)를 불러들여 같은 집안의 사람을 죽인 것과 무엇
이 다르냐고 반문하였다. 이 때문에 근세의 역사가들이 김유
신을 동족에게 죄를 짓고 역사에 오욕을 남긴 인물로 폄하한
것이며 견훤과 궁예 등이 나서게끔 하는 빌미가 되었다고 하
였다. 동산은 신라의 삼국통일에 대하여 비판적이었으나, 신
라가 통일의 대업을 이룬 것은 나름대로 평가받아야 한다는
견해를 보이기도 하였다.

　동산의 발해에 대한 인식과 서술도 눈길을 끈다. 그의 발
해에 대한 인식은 앞에서 말한 바와 같이 그가 만주로 망명할
때 '우리가 돌아갈 땅은 발해뿐'이라고 한 데에서 일단을 읽

을 수 있다. 따라서 그가 책머리의 도표에서 발해를 우리 민족사로 수용하여 설명하였음은 물론이다. 또한 그는 본문의 서술에서도 발해왕의 죽음을 '훙'이라 하여 신라와 동격으로 서술하였고, 신라와 발해를 남북조라고 이름 붙인 김택영의 사론을 소개하였다. 그는 이 부분에서 많은 사론을 전개하였는데, 이를 통해 발해의 강대함과 문화 발전상 등을 강조하였다.

발해의 서술에서 그가 중점을 둔 것은 발해와 신라 사이에 사신이 왕래하였던 사실을 입증하는 것이었다. 그는 문왕 53년조에서 신라가 일길찬 백어를 발해에 사신으로 보냈는데, 발해가 신라의 북쪽에 자리잡고 있었기 때문에 신라인이 발해를 북국으로 불렀다고 설명하였다. 이어 사론을 통하여 《삼국사기》 원성왕기에서 사신을 보냈다는 '북국'은 곧 발해라고 단정하였고, 정약용이나 홍석주가 미처 파악하지 못한 것을 안정복이 《동사강목》에서 최치원의 표문을 인용하여 특별히 서술한 것은 우리나라 역사에서 공을 세운 것이라고 칭송하였다.

발해 멸망을 다룬 사론에서는 신라와 발해가 서로 인접하고 백성들이 왕래하였음에도 신라의 역사 기록에 발해와 서로 왕래한 사실이 없음에 의혹을 제기하였다. 나아가 그는 발해의 사료가 전해지지 못하고 선배 유학자들이 발해를 외국으로 간주하여 고증하거나 연구하지 않아 결국 사라지고 만 것을 애석해하였다.

후삼국에 대한 서술도 부정적이다. 물론 그는 태봉과 후백제를 〈대동연혁국차도〉와 〈대동역대일람도〉에서 설명하기는 하였다. 그러나 본문에서는 궁예와 견훤을 부정적이고 비판적으로 서술하여 왕건을 긍정적으로 서술한 것과 대비된다. 더욱이 그는 태봉과 후백제를 자기의 주제를 뛰어넘어 왕국을 세웠다 하여 '참호(僭號)'한 것이라고 해석하였다. 이는 정통론에 따라 후삼국을 '참국'이라 규정한 안정복의 사론을 계승한 김택영의 논리와 같은 것이다.

남북조기는 고려의 후삼국 통일에서 끝을 맺었다. 이는 그가 단군 이후 후삼국 통일까지를 남북조로 인식하고 고려부터를 통일 왕조로 보았음을 의미한다. 동산의 남북조사관은 이종휘나 대종교 계열 사가의 역사 해석과 공통점이 있다. 그러나 그의 남북조사관은 여타 민족주의 사가들에게도 놀라운 사실로 받아들여질 만큼 매우 독특한 것이었다. 요컨대 그의 남북조기 서술은 민족주의 사학으로서의 근대적 면모도 엿보이나, 전근대적인 요소도 적지 않다. 더욱이 임나일본부설을 수용한 것은 식민사학에 함몰된 한말 사학의 오류를 무비판적으로 따랐다는 지적을 피할 수 없을 것이다.

3) 고려기

고려기는 3권 가운데 제2권으로, 11책 가운데 3책의 중간부터 시작하여 5책까지 기술하였다. 분책은 특별한 역사적 사건을 기준으로 시기 구분을 시도한 것이 아니라 초고를 옮겨 적는 등초 과정에서 단순히 분량을 감안한 것으로 여겨진다. 고려기의 서술체계는 이전과는 다르다. 곧, 각 왕별로 묘호·시호·이름·자·선계·재위년·수년(壽年) 순으로 서술하고, 연기(年紀)는 간지와 왕년만을 표기하였다. 이는 김택영의 편사 체계와 같은 것이다.

동산은 범례에서 고려 이전은 《동국통감》과 김택영의 《동사집략》을 표준으로 서술한다고 밝힌 바 있다. 그런데 고려기는 체계뿐만 아니라 서술 내용까지도 《동사집략》과 비슷하다. 그 까닭은 아마도 류인식의 관심이 고대사와 조선시대사에 있었기 때문으로 이해된다. 그렇다고 하여 《동사집략》을 그대로 모방한 것만은 아니며, 또한 고려의 역사를 소홀하게 다루지도 않았다. 따라서 고려기는 《동사집략》과 비교함으로써 그의 역사 인식을 밝혀낼 필요가 있다.

우선 두 사서에는 몇 가지 차이점이 발견된다. 첫째, 용어 사용의 차이가 있다. 곧, 김택영은 왕에 대하여 '즉위', '승하'라고 표현한 것과 달리, 동산은 '입(立)', '훙(薨)'이라고 표현하였다. 정통론에서는 역사 용어가 정통과 비정통 왕조에 따라 다르게 쓰였고 엄격성을 지녔다. 김택영은 정통론을 추종하였기 때문에 그렇다 치더라도, 정통론을 부정한 동산이 굳이 정통론적 관점의 용어를 사용한 의도는 알 수 없다. 더욱이 우왕과 창왕에 대한 표기는 더욱 그러하다. 김택영은 '폐왕(廢王)'·'후폐왕(後廢王)'이라 하였으나, 동산은 '전폐주(前廢主)'·'후폐주(後廢主)'라고 서술하여 춘추의례의 도덕적 명분론을 강화하였다. 한편 김택영은 문종 34년 9월조에서 일본 왕을 '일황(日皇)'이라 하였으나, 동산은 '일주(日主)'라고 낮추어 일본에 대한 인식의 대비를 이룬다.

둘째, 서술 방식의 차이가 있다. 대표적인 차이 가운데 하나는 김택영이 편년체 방식에 충실한 것과 달리, 동산은 편년체로 서술하되 동일 사건과 인물에 관한 내용을 기사본말체 형식으로 분류하여 정리하였다는 점이다. 이는 그가 역사적 사실의 인과관계를 밝히는 것을 중시하였음을 보여주는 것이라 할 수 있다.

셋째, 첨가된 사론에서 동산의 역사 인식을 알 수 있다. 그는 《동사집략》을 모본으로 고려기를 저술하되, 자신만의 사론을 펼치고 있다. 그는 사론에서 거란을 배척한 태조의 외교 정책을 옛 강토를 회복하고 발해를 멸망시킨 원수에 대한 당연한 정책이라고 옹호하고, 태조의 북진정책이 후대 왕들에게 계승되지 못한 것을 안타까워 하였다. 또한 그는 최승로가 시무책을 올려 선왕의 죄를 거리낌없이 지적하였으나, 성종이 이를 흔쾌하게 받아들인 것을 칭송하며 후대인이 이 사실을 비판하는 것이 잘못된 것임을 지적하였다. 더욱이 그는 사론에서 최영의 요동정벌과 고려를 위해 목숨을 던진 사실을 칭송하고, 고려와 조선의 1천 년 역사에서 최영에 미치는 사람이 없었다고 극찬하였다. 이 같은 사론은 그의 역사 인식을 잘 보여주는 것이다.

넷째, 《동사집략》에는 있으나 이 책에서 삭제한 기사가 있다. 동산이 김택영의 저술 내용 가운데 삭제한 주요 내용은 중국의 여러 왕조나 여진·거란 등과의 사신 왕래 사실이다. 더욱이 거란과의 사신 왕래는 많은 부분을 삭제하였다. 이는 그의 거란에 대한 부정적인 인식을 보여주는 것이다. 아울러 천재지변 기사와, 왕이 정사에 힘쓰지 않고 수렵이나 유희에 빠진 기사도 삭제 대상이 되었다. 또한 기자릉에 제사를 지냈다는 기사를 뺀 것은 기자릉이 진짜가 아니라는 자신의 견해에 따른 것이었다. 더구나 김택영이 예의를 갖춰 서술한 조선 태조의 선대에 대한 칭송과, 사전 혁파에 대한 상세한 설명도 무시하였다. 이로써 보면, 그는 독자들에게 국수와 조국정신을 심어주기 위해 《동사집략》의 기사 가운데 교훈적이지 못하다고 판단한 기사를 의도적으로 뺀 것이라 할 수 있다.

다섯째, 《동사집략》에는 없으나 이 책에서 새롭게 첨가한 기사가 있다. 동산은 옛 지명의 고증과 비정에 주력하였다. 또한 그는 유학자와 신하들의 활동을 많이 첨가함으로써 그들의 사상과 활동을 통해 고려사의 이해를 돕고자 하였다. 김택영 또한 인물 중심의 역사 서술을 하였으나, 그는 인물 평가를 더욱 강화함으로써 역사의 교훈성을 추구한 것이라 할 수 있다.

두 책에서 가장 큰 역사 인식의 차이를 보이는 부분은 이성계와 조선 건국에 관련된 기사이다. 전통 사서는 물론 김택영을 비롯한 한말 사가들은 고려 멸망의 필연성을 도출하고 조선 건국의 당위성을 추구하는 입장에서 고려 말의 상황을 서술하였다. 따라서 이성계와 그 선대의 업적이 긍정적으로 서술되며 강조되었고, 최영을 죽인 사실을 합리화하였다. 더구나 김택영은 전통 사서의 서술 체계대로 태조와 그 선대를 설명할 때에 줄을 바꾸어 서술하는 예를 표하였다.

그러나 동산은 이 같은 중세적 역사 인식을 극복하고 객관

적 서술을 하고 있어 주목된다. 그는 위화도회군을 4천 년 단
군 강역을 다른 나라에 복속하게 한 원인을 제공한 사건이라
고 폄하하였다. 또한 이성계가 혁명에 매달려 최영을 죽임으
로써 사대주의가 뼛골에 깊이 배어 조선의 5백 년 역사가 명
과 청에게 지배당한 것이라고 비판하였다. 이는 신채호·장도
빈·문일평 등 민족주의 사가들이 《고려사》의 왜곡을 지적하
며 요동정벌을 주장한 최영의 자주정신을 칭송하고, 위화도
회군을 고려 북진정책의 좌절로 해석한 견해와 같은 것이다.

그 뿐만이 아니다. 그는 김택영이 이성계의 선대를 환조대
왕(桓祖大王) 등의 시호와 대왕이라는 칭호로 부르고, 그들의
죽음을 '승하'라고 표현하였으며, 이성계를 '아태조고황제(我
太祖高皇帝)'라 존칭하였던 것과 달리, 이성계의 선대를 이자
춘(李子春)이라는 이름으로 서술하였으며 죽음을 '졸'이라고
하였고, 이성계를 태조라고는 하였으나 줄을 바꾸는 예를 표
하지도 않았다.

이 같은 그의 조선 건국 과정에 대한 기술은 고려의 독자성
과 개체성을 회복한 것이라 평가할 수 있다. 또한 이는 1920년
대 민족주의 사가들의 역사 인식과 궤를 같이하며 근대사학의
면모를 보여주는 것이라 할 수 있다. 곧, 동산은 고려를 통일
왕조로 인식하는 역사체계를 지니고 있었던 만큼, 조선의 건

국을 유교적 관념에 사로잡혀 부풀려서 서술할 이유가 없었던 것이다. 또한 망국에 처해 냉철한 자기반성이 필요한 시점에서 조선을 굳이 긍정적으로 서술하는 것은 무의미한 일이었을 것이다.

4) 조선기

조선기는 제3권에 해당하며 6책 이하 11책까지 모두 6책으로 구성되었다. 조선기의 분책 또한 시기구분이 아닌 단순히 분량을 감안한 것으로 보인다. 그런데 조선기의 기년 표기 방식이 이전과는 다르다. 곧, 대부분은 간지 – 단기 – 왕년 순으로 표기하였으나, 단기 대신 중국 기년만을 표기하거나, 단기와 함께 중국 기년이 계속 표기된 책이 있다. 이는 자신이 범례의 기년 표기 원칙에서 표방한 강렬한 자주의식과 정면으로 배치되는 것이다.

이미 앞에서 말한 바와 같이, 동산은 조선의 건국을 그리 긍정적으로 보지는 않았다. 그렇다고 하여 부정적으로 비판한 것도 아니었다. 그는 김택영이 《한사경》에서 태조가 두 왕을 시해하고 공양왕의 왕위를 빼앗았다고 기술한 것을 반박하였다. 그는 고려 말에 실정이 누적되어 천명과 민심이 떠나 버렸을 때, 태조가 왜구와 홍건적을 소탕하고 잘못된 정치를 바로 잡자 하늘과 백성이 그에게 몰려 국가를 차지한 것으로서, 혁명 때의 허물은 어쩔 수 없는 것이라고 옹호하였다. 따라서 그는 고려 멸망의 필연성을 강변하지 않았을 뿐 아니라, 조선의 건국도 객관적 사실에 바탕을 두어 서술하고자 하였다.

동산은 조선기에 많은 비중과 관심을 두고 서술하였다. 이는 그가 망국의 원인을 규명하고, 독립의 방법론을 모색하고자 이 책을 저술한 의지를 반영한 것이라 여겨진다. 따라서 이 책에는 전통 사서에서 중시한 의리론이나 예론 등에 관한 사론은 거의 없고, 대신 왕을 평가하는 왕찬이나, 당쟁과 외척·훈신의 폐해 등에 관한 사론이 주류를 이루고 있다. 조선기에서는 사론을 중심으로 류인식의 역사 인식을 검출해 보기로 한다.

첫째, 그는 고종과 순종을 제외한 모든 왕들에 대해 평가를 논한 왕찬을 붙였다. 왕찬은 책의 앞부분에는 없던 사론이다. 이는 그가 참고한 문헌의 구성과도 관련이 있을 것이나, 그가 조선시대를 평가 위주로 서술하였음을 알려주는 것이다.

대부분의 왕찬은 왕의 잘잘못을 함께 서술하고자 하였다. 왕찬 가운데 몇몇 사례를 보면, 세종은 왕도정치를 실현하여 우리나라뿐 아니라 중국의 역대 왕 가운데도 그에 견줄 만한 현명한 군주가 없다고 칭송하였다. 단종은 '인명지주(仁明之主)'라 하며 죽음을 애도하였고, 세조는 '영명지주(英明之主)'

이나 왕위를 도둑질하고 전 임금을 죽인 사실에 대하여는 비판하였다. 성종은 '태평수문지주(太平守文之主)' 또는 불세출의 현명한 군주로 평가하며, 공(功)이 세종에 버금가는 것으로 평가하기도 하였으나, 인륜의 변에 처한 사실을 비판하였다.

그러나 연산군과 광해군은 단순히 '주(主)'로 낮추어 서술하였다. 또한 선조는 붕당의 폐해가 있었고, 일본의 침략을 막아내지 못한 사실을 지적하며 이 때부터 나라가 기울었다고 비판하였다. 따라서 왕찬은 왕도정치의 시행 등 유교적 가치관을 기준으로 비교적 객관적으로 평가한 것이라 할 수 있다.

둘째, 동산이 사론에서 가장 강조한 것은 당쟁의 폐해였다. 앞에서 이미 말한 바와 같이, 그가 〈태식록〉에서 망국의 원인으로 가장 신랄하게 비판한 부분은 '당론지화(黨論之禍)'이다. 그는 당론을 빼고 나면 아무것도 없다며 당쟁을 비판하였다. 그는 선조와 인조 이래 패망의 원인이 싹텄고[萌], 숙종과 경종 때에 무성하였으며[茂], 정조와 순조 때에 이삭이 영글어[穗], 고종 이후 드디어 결실을 맺은 것이라고 평가하였다. 곧, 그는 국망의 시기를 고종 때로부터 보는 견해를 반박하며, 이미 조선 중엽에 싹이 튼 당쟁으로부터 나라가 망하기 시작한 것으로 보았다.

그는 당시 수많은 야사류는 편견에 따른 당론서에 지나지 않으므로 정론이 없고 믿을 수 없다며, 공평한 마음으로 있는 그대로 쓸 것임을 천명하였다. 그는 최영경의 기사에 붙인 기축년(1589년) 옥사 관련 사론에서 이를 우계의 사주에 따른 것이라고 한 야사류의 기록을 반박하며 정당화하였다. 또한 서인이 일시의 권력 장악을 내세워 나라의 절반이 넘는 여론을 억압한 것을 비판하면서도, 이에 반대하였던 남인의 주장도 동시에 비판하였다. 한편, 남인인 윤휴와 허견의 이른바 '편간금송사(騙姦禁松事)'를 탄핵한 남구만의 처사가 정당하다고 평가하고, 당을 보호하는 데에만 매달려 남구만을 구하지 않은 조정의 신하들을 비판하였다. 아울러 소론이 노론을 역모로 몰아 정권을 장악하였던 신임사화(辛壬士禍, 1721~22년)의 역사를 읽으면 화를 내며 울부짖게 될 것이라고 말하였다. 곧, 그는 당론과 당쟁을 파당에 편중되지 않고 객관적으로 서술하고자 하였던 것이다.

대부분의 한말과 일제하 민족주의 사가들도 당파망국론을 전개하였으나, 그들은 단지 이를 망국의 원인으로 지적하는 데 그쳤다. 그러나 그는 유림으로서 망국에 대한 책임을 통감하고 자성하며, 실천적인 국권회복의 방법론을 모색하였던 점에서 커다란 차이가 있다고 하겠다.

셋째, 당쟁의 폐해와 함께 외척과 훈신의 폐해를 망국의 주요 원인으로 지적하였다. 그는 태종의 처남인 민무구의 죄상이 명확치 않다고 의심하면서도, 이를 외척의 시초로 이해하고 고종 때 민씨의 발호와 연결하여 해석하였다. 또한 인조에 대한 사론에서는 인조의 실책이 훈신을 등용한 데서 말미암은 것이며, 훈신의 전횡이 망국과 연결되는 것이라고 주장하였다. 더욱이 정조의 외종조부로서 외척의 위세를 부리다가 세손의 즉위를 반대했던 홍인한이 다시 관직에 복귀하는 기사에 이은 사론에서는, 사약을 내려 죽여야 할 역신인 그를 복관시킨 것은 옳고 그름이 거꾸로 된 것이며 충신과 역신의 구분이 없어진 것이라고 개탄하였다. 고종 때 민씨의 폐해에 대하여는 더욱 신랄하게 꾸짖었다. 그는 아무리 어리석은 백성이라도 민씨들이 망국의 주범이라는 사실을 다 알며, 민씨 가운데서 민영환만이 충직한 인물이었다고 평가하였다.

넷째, 인물에 대한 사론도 여럿 있는데, 대개 유학자에 대한 평가이거나 당쟁과 관련한 것이다. 그는 후학들이 본받을 사람은 이황뿐이라고 하였고, 이이의 평가를 빌려 이황을 조광조와 대비하며 칭송하였다. 이는 동산의 처지에서 본다면 당연한 평가일 것이다. 한편, 이준경의 죽음에 이은 사론에서는 그가 임종하며 붕당이 있을 것임을 예견하고 이를 타파해야 한다는 글을 올린 사실을 설명하였다. 이이에 대한 사론

에서는 그가 외적의 침입에 대비하였고 경제에 밝았음을 칭
송하며, 그의 죄를 물어야 한다고 상소한 자들의 책임을 따졌
다. 그러나 이이와 성혼의 문묘 배향에 관한 사론에서는 배향
이 당파의 정치적 세력 여하에 따라 좌우됨을 지적하고, 이는
사림을 욕되게 하는 짓이라고 개탄하였다.

　인물 사론 가운데서 가장 눈길을 끄는 것은 송시열에 관한
대목이다. 그는 이 사론에서 송시열을 의례적으로 평가하면
서도 나라의 절반은 그를 존경하고, 나머지 절반은 그를 배척
한다고 하였다. 이어 그는 사람을 평가하는 방법은 문장과 학
식이 아니라 먼저 '심술(心術)'을 보아야 한다고 주장하며, 송
시열의 심술이 올바르지 못한 사례로서, 자신을 조선의 주자
로 자처하고 외적의 화를 일으킨 사실 등을 들어 조목조목 비
판하였다.

　뿐만 아니라 북벌론은 전혀 근거가 없는 것으로 보았다. 효
종이 심양에 인질로 갔을 때는 그들 국력의 위엄에 겁을 먹어
감히 항전할 마음을 갖지 못하였으나, 다만 치욕을 씻고자 명
의와 문장으로만 주장한 것이라고 하였다. 또한 신하들도 효
종에 영합하고자 본심과는 달리 북벌론을 주장하였기 때문
에, 상하가 서로 속인 것에 지나지 않는다고 보았다. 이 같은
북벌론에 대한 평가는 매우 날카롭고 비판적이다. 송시열에

대한 비판적인 견해는 많이 있었으나, 파당에 치우치지 않은 비판으로서는 그의 평가가 가장 구체적이고 신랄한 것으로 여겨진다. 송시열에 관한 위의 사론은 붕당론에 바탕을 둔 역사 인식의 극복이라는 점에서 평가할 수 있는 부분이다.

다섯째, 외적에 대비하지 못함을 지적하였다. 그는 김성일에 대한 사론에서 그가 일본에 통신부사로 갔다가 귀국한 뒤 적의 정황을 잘못 보고하여 임진왜란을 초래한 사실을 지적하였다. 또한 임진왜란의 사론에서 우리나라가 천부의 지리적 이점을 지니고 있음에도 적절한 대비를 하지 못하고 붕당에만 몰두한 사실을 비판하였다. 더욱이 정묘호란 관련 사론에서 맹자가 말한 자치를 거론하며, 우리도 땅이 넓지 않은 것이 아니고 병사가 부족한 것도 아니어서 힘써 자주국으로서 주권을 지니고 스스로 통치하면 부강한 나라를 만들 수 있었고, 외적의 침략도 받지 않았을 것이라고 안타까워 하였다. 또한 당시 주화론자들을 비판하며 혈성(血誠)으로 나라를 위해 투쟁한 인물은 오직 최명길 한 사람뿐이었다고 칭송하였다. 이 책이 망국의 현실을 극복하기 위한 목적으로 저술된 만큼 이 부분에 대한 비판도 매우 통렬하다.

여섯째, 명나라에 대한 의리를 강조하였다. 그는 임진왜란 때 명의 구원이 아니면 우리 민족이 모두 멸족하였을 것이라며, 명나라에 감사의 뜻을 표하였다. 그러나 1667년(현종 8) 탐라에 표류해 온 중국인 백여 명을 연경으로 보낸 사실에 대한 사론에서, 명에 백세불망의 은혜를 입었음에도 명이 멸망하였다고 하여 북벌론과 춘추존양을 주장하던 우리들이 이토록 잔인한 일을 한 것은, 천년을 두고 욕을 먹을 짓이라고 비판하였다.

조선기에서 가장 주목하여야 할 부분은 근대사에 관한 서술이다. 동산은 대원군과 민비에 대해 매우 부정적으로 기술하였다. 그는 최익현에 대한 비판에서 고종과 대원군의 관계를 요(堯)와 고도(皐陶)의 관계에 빗대어 설명하며, 최익현이 고종의 면전에서 왕의 과실을 올바로 따지지 못하고 대원군의 죄상만 따짐으로써 시아버지와 며느리, 아버지와 아들 사이를 갈라 놓은 것이라고 해석하였다. 그로 말미암아 고종이 아버지인 대원군의 상을 당하고도 모시지 않음으로써 윤리를 저버리게 하였다며 최익현의 대원군 논척을 크게 불경스런 일이라고 비판하였다.

그는 대원군의 과실을 인정하면서도 민씨들이 나라와 백성을 망치고 윤리를 어지럽게 한 죄는 대원군의 열 배도 넘는다고 하였다. 따라서 그는 최익현의 대원군 논척을 대원군에 감정을 지니고 있던 사람들의 사주를 받아서 한 것에 지나지 않는다고 평가하였다. 결국 그는 최익현이 만년에 위정척사를 부르짖고 의병을 일으키는 등 공적이 있으나, 죄를 면할 수는 없을 것이라고 하였다. 이 또한 당시 면암에 대한 일반적 평가와는 크게 다른 것이었다.

그러나 이 같은 대원군에 대한 평가는 민비를 중심으로 한 민씨 일가와 대비한 결과일 뿐이다. 다시 말해, 그의 대원군에 대한 평가도 매우 비판적이었다. 그는 대원군에 대한 사론에서, 그가 혁명가의 자질이 있어 유신을 빨리 하였다면 부강의 공적을 이루고 세계의 유신 대가들과 어깨를 나란히 할 수 있었으나, 양이척화론(洋夷斥和論)을 크게 제창하여 쇄국을 고집하였기 때문에 한 시대의 인걸이기는 하지만 나라를 망하게 한 으뜸 공신이라고 지적하였다. 개화사상을 지녔던 그의 관점에서 볼 때 당연한 평가였을 것이다. 고종 또한 대원군에 억눌리고 민비에 가려져 결국 망국을 초래한 무능한 군주로 서술하였다.

동산이 동학농민운동을 보는 시각은 대개의 유림들이 그러하였듯이 부정적이었다. 이는 '작란(作亂)'·'괴수(魁首)'·'비괴(匪魁)'·'비도(匪徒)'·'적도(賊徒)'·'적병(賊兵)'과 같은 용어의 사용에서도 확연히 드러난다. 그러나 이 같은 관변적 시각과는 달리, 그는 동학군이 봉기한 원인으로써 탐관오리의 탐학으로 백성이 도탄에 빠진 현실과 민씨들의 죄상을 지적하였다. 그렇다고 하여 동학군 봉기의 정당성을 부여한 것은 아니다. 그러나 동학 봉기에 대해 비판 일색이었던 당시의 역사서와는 구별되는 것이다. 이 같은 동산의 인식은 홍주 관내의 동학 농민군을 진압하였던 이설과 김복한이 뒤에 의병으로 봉기하였던 사실과 상통하는 것이라 하겠다.

그러나 그는 이 때부터 일본의 침략이 본격화한 것으로 파악하였다. 곧, 일본이 동학 진압을 구실로 조선에 군사를 보낼 수 있었던 상황을 이용하여 조선의 내정을 간섭하고 청을 배제하려 하였다고 본 것이다. 또한 일본이 러일전쟁을 도발하며 이 전쟁이 한국의 독립을 보호하려는 것이라고 거짓말을 했다고 지적하였다. 그의 날카롭고 정확한 역사 인식을 보여주는 대목이다.

한편, 단발령에 대한 서술은 매우 주목된다. 그는 고종의 단발 사실과 유길준의 단발 권유 사실을 상세히 설명하였다. 또한 이도재와 김병시의 단발 반대 상소를 고종이 윤허하지 않은 사실도 기술하였다. 그러나 당시 단발에 대한 민중의 반발이 컸고 의병 봉기의 한 요인이 되었으나, 이러한 내용은 전혀 기술하지 않았다. 이는 그 자신이 단발을 결행하고 계몽운동을 전개하였던 사실과 관련이 있을 것이다.

그는 일본의 침략 과정과 국권회복운동을 비교적 간략하지만 빠짐없이 기술하였다. 대부분의 경우는 특별한 사론 없이 사실의 기술로만 그쳤으나, 각종 침략 조약문을 모두 기술함으로써 일제 침략의 실상을 구체적으로 서술하려 하였다. 더욱이 그는 을사오조약의 늑결 과정을 매우 상세하게 기술하였다. 그는 조약 늑결의 부당성을 지적하고 이에 대한 항의 상소와 의병 봉기, 자결 순국 등 민중의 저항을 기술하였다. 경술국치를 간단히 서술한 것과 대비해 보면, 그는 을사오조약의 강제를 사실상의 망국으로 본 것으로 이해된다.

한편, 그는 일제의 침략에 저항한 국권회복운동에 대하여도 빠짐없이 기술하였다. 그는 명성황후가 시해당하자 원수를 갚고자 각지에서 의병이 봉기하였다고 하며, 민종식·최익현·허위·이남규·기삼연·민긍호 등 의병장의 활동과 피살, 일제의 강제에 의해 해산당한 군인들이 의병으로 참전한 사실 등을 서술하였다. 그런데 여기에서 의병의 주체를 '신사(紳士)'라고 표현하고 있어 눈길을 끈다. 아울러 그는 계몽운동의 주체도 신사라고 표현하였다. 이는 비록 의병 참여 계층에 대한 이해의 한계는 있으나, 국권회복의 주체를 유림의 시각에서 해석한 것이라 할 수 있다.

동산은 계몽운동에 대해서 긍정적으로 해설하였다. 그는

독립협회의 대정부 비판 기능을 긍정적으로 기술하였고, 고종이 보부상을 동원하여 해산시킴으로써 언론 자유는 끝나고 말았다고 애석해 하였다. 아울러 고종의 양위를 반대하는 대한자강회 등의 집회와 활동을 소개하였고, 계몽운동가들이 신문을 통해 정부를 견제하였으나, 탄압당함으로로써 사기가 떨어졌다고 하였다. 더욱이 전국적으로 학교가 설립되고 학풍이 일어나 혁구유신의 목소리가 국내에 가득하고, 출판사에서 수백 종의 교과서를 펴내자, 정부가 학칙을 반포하여 혁명사상을 기술한 교과서를 압수하는 등 탄압한 것을 비판하였다.

그는 의열투쟁에 대해서도 빠뜨리지 않고 기술하였다. 곧, 을사오조약 강제 직후 민영환과 조병세의 순국, 나인영·오기호의 을사오적 처단, 헤이그 특사의 활동, 박승환의 순국, 전명운·장인환 의거, 안중근 의거 등을 기술하였다. 또한 대종교에 대해서도 단군 이래의 신교(神敎)가 나인영과 오기호 등에 의해 국조(國祖)를 천명하고 인심을 새롭게 하기 위해 설립된 것이라고 하였다. 더욱이 신채호·이종호·안창호·이동휘·이갑 등이 망국이 가까워지고 어찌할 도리가 없자 망명하여 나라가 텅 빈 지경에 이르렀다고 서술하였다. 이는 그의 대종교 가입과, 문중 차원의 만주 망명 사실과 연계하여 해석할 대목이다.

　동산은 의병과 계몽운동을 경험한 인물이었다. 또한 이 책의 집필 기간은 그가 혁신적인 계몽운동에 온 힘을 쏟았던 시기이다. 따라서 그가 을미의병에 참가한 이래, 특히 1903년 계몽운동으로 전회한 이후의 근대사 기술은 자신의 경험을 바탕으로 격랑의 한 가운데 서서 실증적이고 생동적으로 정리한 일제침략사요, 민족운동사라 할 수 있을 것이다.

13

문장은 시이지만
뜻은 역사이다

동산은 《대동사》의 저술을 마치고 난 뒤 한가한 틈을 이용하여 1924년 겨울에 《대동시사》를 저술하였다. 이 책은 고려 말부터 조선 말까지 500년 동안에 걸쳐 302인의 시 445수를 선정하여 편년 순으로 평론을 붙이고 원문을 소개한 것이다. 이러한 구성은 종래의 시화집에서는 볼 수 없는 독특한 편제이다.

이 책의 서문에는 《대동시사》의 저술 목적과, 시와 역사와의 관계에 대한 동산의 명쾌한 설명이 있다.

시(詩)라는 것은 한 사람의 성정(性情)을 나타낸 것이고 사(史)라는 것은 한 나라의 정치를 기술한 것이다. 시와 사는 체

序

大東詩史序

詩者 寫一人之性情而史者 述一國之政治 詩與史 體裁各不同 今是編也 名
之謂詩史 奚以也 凡人之性 虛靈無眹而觸於物 感於中則不能無言 言有所
不能盡則詠歎咨嗟 發之歌謠 所謂詩也 國之治亂 俗之汚隆 民之苦樂 人之
賢邪 莫不一寓於詩 所謂開其樂而知其政 誦其詩而論其世也 成周之時 詩
敎大備 採取列國之風 考其得失而行黜陟之典 觀於詩而其國之史 可知也
降及後世 採詩勸懲之法 廢而不行則所謂詩者 不過爲文人韻士 遇景詠物之
作而詩與史 遂分而爲二矣 雖然 賢人君子忠厚惻怛之發 猶有三百編之遺意
讀貞觀之詩而知盛唐治化之隆 觀濂洛之編而知宋朝儒學之盛 杜甫夔州之詠
遭亂傷時之感也 蘇軾水調之歌 遷謫戀闕之情也 詩可以觀 豈不信歟 惟我
朝鮮 環海爲城 浹浹大國之風 神翠承繼 儒賢輩出 禮義仁賢之化 文章經術
之盛 聞於天下而詩學 尤大闡 詞林鴻碩 並武迭唱 純而不雜 正而不亂 粹然
爲大雅之音 中和之聲 可謂集大成於翰墨矣 今其編輯於東文選 靑邱風雅
先賢文集 等書者 有如天球弘璧 寶彩星露 琪葩瓊藻 異香濃郁 樣樣不可選
也 又有因物寫懷 感傷時事 不備史家之材料者 不爲不多 然前人 未嘗彙分
類萃 編成一部 以爲考据之資故 余每以是恨之 歲甲子冬 時得閒暇 始自本
朝開國 以逮列朝 採取朝野詩歌之有關於政治民俗者 得累百篇 其文則詩而
其意則史也 名之爲詩史 以爲披閱之資 且使幼學之士 以時諷誦 因詩而得

《대동시사(大東詩史)》 서문. 《대동시사》는 동산이 1924년 겨울 저술한 시화집으로 독특한 편제가 눈길을 끈다.

재는 각기 다르나 지금 편집하며 명칭을 시사(詩史)라고 제목을 붙인 것은 어찌된 것인가. 대저 사람의 성(性)은 마음에 잡념이 없고 영묘하여 조짐이 없으나, 사물을 접촉하고 마음에 느껴지면 말을 하지 않을 수 없으며, 말로 다하지 못할 부분이 있으면 감탄하고 탄식하며 이를 노래한 것이 이른바 시인 것이다. 국가의 치란(治亂)과 풍속의 높고 낮음, 백성의 고락, 사람의 현명하고 사악함이 시에 깃들지 않은 것이 하나도 없다. 그래서 그 음악을 들으면 그 정치를 알고 그 시를 읊어 보면 그 세대를 논할 수 있다고 하는 것이다. …… 시를 보면 그 나라의 역사를 알 수 있는 것이다. …… 그 문장은 시이지만 그 뜻은 역사이다. 이름을 시사라 한 것은 열람하는 데 도움이 되고, 또 어린 선비들로 하여금 때때로 외워 시를 통하여 역사의 요소를 얻게 하고 역사를 통하여 시학의 지름길을 알게 하려는 것이다. …… 시는 사람을 쉽게 흥기시키는 것이다. ……

이로써 보면, 동산이 《대동시사》를 저술한 것은 어린 선비들로 하여금 시를 통해 역사를 익히고, 역사를 통해 시를 익히고자 한 것임을 알 수 있다. 곧, 그는 시와 역사는 모두 시대의 상황과 인식을 반영하는 산물로서 동일하게 보았던 것이다. 그리고 시를 통해 민족의 혼을 일깨우고 흥기시키고자 한 것이었다.

이 같은 그의 인식은 시사일체론(詩史一體論)이라 정의할 수 있을 것이다. 그는 본래 시와 역사는 하나라고 여기고 있었다. 그러나 후세에 내려올수록 시를 채집하여 권장하는 풍습이 피폐해져서 이루어지지 않기 때문에 시라는 것이 문인이나 운사(韻士)들의 작품으로만 인식하게 되어 시와 역사가 마침내 둘로 나뉘게 된 것이라고 해석하였다. 따라서 그가 이름붙인 '시사'는 곧 일반적 의미로 사용하는 '시의 역사'가 아니라 '시와 역사의 상호관계' 또는 '시를 통해 본 역사'라는 의미로 해석할 수 있을 것이다. 책의 제목에서 '대동'이라고 표현한 것은 《대동사》에서 말한 대로 우리나라의 국체를 존중하기 위함이었다.

동산은 우리나라 시에 대하여 커다란 자긍심을 지니고 있었다. 그는 "생각건대 우리 조선은 바다를 둘러 성으로 삼고 있어 넓디넓은 대국의 기풍을 지니고 있으며 성신(聖神)이 이어져 현명한 학자들이 배출되었으며 예의(禮義) 인현(仁賢)의 교화와 문장 경술(經術)의 성함이 천하에 떨쳤다. 시학은 더욱 크게 열려 사림과 학문 높은 학자들이 어울려 이으며 번갈아 순수하고 잡스럽지 않으며 바르고 어지럽지 않아 순수하게 대아(大雅)의 음(音)과 중화(中和)의 성(聲)이 가히 노래의 성에 집대성되었다 말할 수 있다"고 자부하였다.

《대동시사》는 이런 관점에서 저술된 만큼 작자와 시를 선정하는 기준이 명확하다. 그는 작자와 시 선정의 기준으로서 첫째, 충신과 의사들이 적개심을 품고 몸을 바쳐 순국한 시, 둘째, 유명한 신하나 학자가 중상모략으로 말미암은 모함을 당하여 머리를 늘어뜨리고 죽으며 지은 시, 셋째, 벼슬을 천하게 여기고 산중에 숨어살면서 바깥세상을 그리워하지 않는 산림 선비의 마음을 읊은 시라고 밝혔다.

사육신을 애도한 이석정의 〈문육신사(聞六臣死)〉와 이집의 〈도육신(悼六臣)〉, 남이의 〈백두산시(白頭山詩)〉, 조욱의 〈도기묘화(悼己卯禍)〉, 김정의 〈절명시(絕命詩)〉, 진우의 〈임절시(臨節詩)〉, 성운의 〈비을사제인(悲乙巳諸人)〉, 이황의 〈비적사인(悲謫死人)〉, 노수신의 〈배진도유감(配珍島有感)〉 등은 그러한 기준에서 선정한 것이다. 원호의 〈원생몽유록(元生夢遊錄)〉은 단편 소설로서 이 책에 썩 어울리는 작품은 아니나, 생육신의 한 사람인 원호를 주인공으로 하여 사육신과 단종의 사후 생활을 그린 작품이기 때문에 선정한 것으로 보인다. 한편, 그가 이 책에 포함시킨 계층은 왕·관인·여류·승려·무명씨·유민·단양민·폐세자·유구국 세자 등 다양하다. 더욱이 피지배층인 백성들을 주목하고 있음에서 그의 진보적 사상을 엿볼 수 있다.

동산은 시를 선정할 때 표기 수단이나 형식·운율 등의 작품성보다는 그 시가 무엇을 노래하고 있는가의 내용을 중시하였다. 따라서 그는 자신이 시를 지을 때에도 시의 형식적 측면보다는 내용적인 측면에 의미와 비중을 두었다. 그가 평론을 하면서 운율 등의 작품성에 대해서 전혀 말하지 않은 것은 그가 시를 어떤 매체로 인식하였는가를 잘 보여준다. 따라

서 그는 다른 사람들의 시화집에서 논외로 하였던 시조마저
도 과감하게 수용하였던 것이다. 여기에 해당하는 시조는 모
두 8수인데, 박팽년·이개·성삼문·하위지·유응부·류성원·
왕방연 등이 단종을 노래한 것과, 이항복의 〈철령요(鐵嶺謠)〉
등 충절을 노래한 것들이다.

이 시들에는 그가 《대동사》에서 강조한 당쟁의 폐해에 대
한 신랄한 논평이 달려 있어 눈길을 끈다. 그는 숙종이 당론을
염려하며 지은 시인 〈우당론(憂黨論)〉을 인용하고 논평하였는
데, 당쟁으로 들끓는 조정을 하나의 전쟁터[一戰場]라고 진단
한 뒤 당쟁이 격화된 데 대한 숙종의 실정을 비판하였다.

> …… 숙종 재위 40여 년 동안 대신과, 임금과 가까운 신하
> 가운데 목숨을 제대로 마친 사람이 얼마 되지 않으니 슬프도
> 다. 근본이 단정하면 그림자가 바르고 근원이 맑으면 흐르는
> 물이 깨끗할 것이니 정치와 형벌을 이와 같이 펼쳐 놓고 빈 말
> 로 당쟁의 화를 그치게 하고자 하니 그것 역시 어려운 일이다.

결국 《대동시사》는 동산이 《대동사》라는 역사 저술을 마
친 뒤, 시사일체론(詩史一體論)에 따라 그 후속편으로 정리한
것이라 할 수 있다. 다만, 류인식이 1920년대에 경사일체의

인식에서 크게 벗어나지 못한 시사일체론의 인식을 지니고 있음에는 문제가 제기될 수 있다. 그러나 이는 단순히 중세적 인식에서 벗어나지 못했던 조선시대 성리학자들의 역사 인식 과는 분명히 구별되어야 할 것이다. 왜냐하면 《대동사》에서 보여준 그의 역사 인식은 이미 근대적인 면모를 보여주기 때문이다.

따라서 이는 이미 그가 《대동사》의 저술 과정에서 일제의 감시 아래 역사 저술의 어려움을 경험한 바 있기 때문에, 본격적인 역사 서술이 아니라 은유적인 시를 통해 역사를 말하고자 했던 것으로 이해하여야 할 것이다. 시대 상황은 역사 저술과 인식에 예민하게 반영된다. 고려후기의 무인정권 아래서 탄압받던 문인들이 본격적인 역사 서술을 기피한 대신, 영사시(詠史詩)를 통해 역사를 말하고자 했던 역사의 문학화 현상과 연계하여 이해할 필요가 있다. 곧 《대동시사》는 역사 서술의 변형된 형태로서, 문학사적 접근과 함께 사학사에서도 검토의 대상이 되어야 하는 것이다.

14

노동자들이여!
이 밤이 차구나

동산은 애국시인으로도 불린다. 그 까닭은 그가 남긴 25수의 시(만시 12수 포함)가 나라 잃은 애환과, 계몽운동과 독립 쟁취의 강한 의지를 노래하고 있기 때문이다. 《대동사》를 비롯한 그의 모든 저술이 한문으로 되어 있듯이, 그의 시도 한시로 되어 있다.

일제 강점기 동안 45종의 신문과 잡지에 수록된 한시는 거의 2만 수에 달한다. 공식적 매체에 활자화된 것만 해도 이렇게 방대하니, 개인 문집에 수록되었거나 발표되지 않은 유고 등을 합하면 그 수는 엄청나다. 일제의 검열과 탄압을 피하기 위해서는 시를 지을 때 한글보다 한문이 유리했을 것이다. 그렇기 때문에 오히려 일제 강점기에 한시는 자기 존재를 지키며 왕성하게 창작되었던 것이다. 따라서 한시는 우리 근대문학의 성장 과정을 보여주는 것으로써, 민족문학사에서 중요한 비중을 차지한다. 물론 그 때의 한시 가운데는 친일 인사들의 작품이 적지 않은 것이 유감스럽지만, 동산과 같은 독립운동가의 한시는 소중하게 평가되어야 할 것이다.

동산의 한시는 '민족적 자아'의 모습을 잘 나타내고 있다고 평가받는다. 그런 그의 시 몇 수를 감상해 보자. 먼저 그가 협동학교 학생들을 위해 지은 〈협동교음시제군(協東校吟示諸君)〉의 내용이다.

> 봄밤 고요한데 시계는 딩동딩동
> 한 번 웃고 서로 보니 피눈물이 흐르네
> 사람을 논하기는 성공한 뒤가 가장 쉬우니
> 처세함에 비방이 많다한들 무슨 관계랴
> 사태의 기미는 차츰 과도기를 재촉해 달리니
> 나아가면 끝내 대동(大同)을 보리라
> 그대들은 볼지니 맑게 개인 밤 환히 밝은 달을
> 잠깐 구름 속에 숨었지만 곧 하늘에 나타날 것을

이 시는 달이 구름에 가린 것처럼 국가의 운명이 어둡고, 게다가 협동학교 설립과 운영 등 계몽운동에 대한 완고한 유

림들의 반발에 부딪혀 고통을 받고 있던 그가, 협동학교 학생
들에게 희망을 불어 넣으려고 지은 시이다. 그는 이 시에서
현재는 어렵지만 계몽운동이 성공하여 끝내는 대동세상을 이
루어 맑게 갠 밤 하늘을 달이 환하게 밝히는 상태와 같이 될
것이라고 확신하였다.

　그의 시 가운데에는 아버지와 스승, 친지와 보수 유림들로
부터 받은 온갖 배척을 극복하며 모험적으로 계몽운동을 추
진한 것을 빗댄 내용도 있다.

사람이 어려움을 겪지 않으면 지혜가 밝지 못하고
일은 모험을 하지 않으면 성공할 수 없다
어려운 것으로부터 쉬워지고 험난한 것으로부터 평탄해지니
평탄하고 쉬운 것은 다 험난한 것으로부터 생겨난다
人不涉難智不明
事不冒險功不成
由難而易由險平
平易皆從險難生

　1919년, 고종의 갑작스런 죽음 소식을 듣고는 〈문국휼(聞
國恤)〉이란 시도 지었다.

흉한 소식 어찌하여 다시 도성에 전해지나
나라 잃은 백성들은 저절로 눈물 흘리네
만약에 그 때 사직과 함께 목숨을 끊었다면
청산이 마땅히 옛 조선에 묻어 주었으리

　이 시를 읽어보면 고종의 죽음을 보는 류인식의 시각이 다른 유림들과는 상당히 다르다는 사실을 알 수 있다. 곧, 그는 고종의 죽음을 나라 잃은 백성의 처지에서 슬퍼하면서도, 경술국치를 당할 때 사직을 위해 스스로 목숨을 끊지 않은 것을 비판한 것이다. 이는 고종에게 망국의 책임이 있다고 여겼기 때문이다. 또한 이 시기에 이르러 그의 사유가 근왕적 입장을 완전히 벗어나 근대적 민주공화정을 지향하고 있음을 보여주는 것이다.

　그의 시 가운데 가장 대표작으로 평가되며, 그의 근대성을 잘 표현하고 있는 작품은 〈차야한십절(此夜寒十絶)〉이다. 그는 3·1운동 당시 병으로 말미암아 직접 나서지는 못하였다. 그러나 그는 3·1운동의 소식을 듣고는 망국 1기(12년)가 차기 전에 이 운동이 일어난 것을 장하고 통쾌하다고 평가하였다. 이 시는 1920년 1월 10일, 차가운 겨울밤에 화로를 끼고 홀로 앉아 작성한 것으로, '이 밤이 차구나'라는 제목에서 알 수 있듯이 3·1운동이 좌절되고 난 뒤 그의 심경을 잘 보여준다.

우뚝한 서파정에 이 밤이 차구나
서리는 벽지에 엉키고 눈은 난간에 쌓였도다
동쪽 이웃집 농사꾼의 아들이 오히려 부러워라
손수 나무를 해다 따듯이 어버이를 모시네
　突兀坡亭此夜寒
　霜凝紙壁雪堆欄
　東隣却羨農家子
　自手擔薪暖養親

판자 집에 바람소리 이 밤이 차구나
장엄하고 기이한 기운 가을 하늘을 치받는데
정녕 알겠노라, 애국 청년들의 피가
결코 감옥살이에 얼어 죽고 굶어 죽는 혼이 되지 않으리니
　板屋風鳴此夜寒
　莊嚴奇氣薄秋旻
　定知愛國靑年血
　不作囹圄凍餒魂

해외 동포여! 이 밤이 차구나
육대주 비바람에 맨주먹 휘두르며
영웅이 시세를 만드노니
민국 원년의 아침 해가 선명하구나
　海外同胞此夜寒

六洲風雨張空拳

由來時勢英雄造

民國元年朝日鮮

중국에 눈보라 요동에 드센 바람 이 밤이 차구나

이역 땅 피울음 그 몇 해나 흘렀던가

멀리서 그리노니 나의 동지들

궁한 집에 머리 맞대고 괴로움에 잠 못 들겠네

薊雪遼風此夜寒

殊邦泣血幾多年

遼憐吾友二三子

聚首窮廬苦不眠

청년학도 제군들이여! 이 밤이 차구나

홑이불 전당 잡히고 굴뚝엔 연기도 없네

매운 맛 쓴 맛 참고 견딤 어찌 말하랴

조국 강산이 그대들 어깨에 걸렸는데

學界諸君此夜寒

單衾典却突無烟

喫辛耐苦何須說

祖國江山擔爾肩

언론계 여러분이여! 이 밤이 차구나

청등 연실은 차갑고 쓸쓸한데
책상머리에 피 토하듯 한 자루 붓을 들어
유려한 문장으로 국민을 일깨우네
　社會諸公此夜寒
　靑燈硯室冷凄然
　床頭噴血抽孤竹
　流麗文章喚國民

상업에 종사하는 여러분이여! 이 밤이 차구나
새벽거리에 술 한 잔 들고파도 돈 한 푼 없네
잇속이 있는 곳은 외인들 다 쓸어가고
세모에 홀로 앉아 빈 가게만 지키누나
　商業諸君此夜寒
　曉街呼酒囊無錢
　利窟外人籠盡去
　歲闌獨坐守空廛

노동자 여러분이여! 이 밤이 차구나
얼음길 눈벌판에 총알처럼 내닫는데
사천여 년 신명스런 이 겨레
어찌 차마 다른 종족 채찍에 신음한단 말이냐
　勞動諸君此夜寒
　氷程雪海走如丸

四千餘載神明族
何忍呻吟異種鞭

대륙의 음산한 기운이여! 이 밤이 차구나
이 땅 어느 곳엔들 근심 없는 이 있을까
듣건대 돈 많은 친일 귀족의 마을엔
난롯불 털 휘장에 봄날 같이 따뜻하다지
玄陸陰凌此夜寒
東鮮無處不愁顔
聞說多金侯爵里
炭爐毛帳煖如春

오막살이 사는 이여! 이 밤이 차다고 한탄하지 말라
땅 속으로 양기 돌아온 지 이미 열흘 지났다네
이제 봄바람이 대지를 부채질할지니
죽은 뿌리 마른 나무 가지에도 새움이 돋으리라
莫恨窮廬此夜寒
地中陽復已經旬
次第春風煽大地
死根枯木向榮欣

한문학자 이가원은 《한국 한문학사》를 정리하며 이 시를
매우 높게 평가하였다. 그는 동산의 〈차야한십절〉을 읽고 그

를 매우 존경하게 되었다며, 그를 한문학자로서 사회주의를 소리 높여 외친 인물로 평가하였다. 동산이 이 시에서 대상으로 설정한 계층은 해외 동포, 청년 학도, 언론계 종사자, 상업 종사자, 노동자 등으로 각계각층을 망라하고 있다. 따라서 이 시는 사회변혁의 주체를 유림으로 인식하였던 그가 3·1운동으로 민중의 저력을 깨달으며 독립의 주체를 유림으로부터 각계각층의 민중으로 확대 인식하였음을 알려주는 자료라 할 수 있다.

이 시는 한시로서 격조 면에서는 다소 거칠고 파격적인 면모가 지적되기도 한다. 그러나 그는 이 시에서 나라 안팎 각계각층의 동포들에게 아무리 지금의 현실이 일제의 압제로 말미암아 차갑다고 하더라도, 마지막 구절에서 보듯, 마침내 '봄바람이 대지를 부채질할지니 죽은 뿌리 마른 나무 가지에도 새움이 돋으리라'는 독립의 희망을 불어넣으려 하였던 것이다. 따라서 그는 한시를 문학으로서의 격조나 형식보다는 의미 전달을 더욱 중요하게 여긴 것이다.

이 시에서 '민국 원년의 아침 해가 선명하구나'라고 한 부분은 매우 주목하여야 할 대목이다. 왜냐하면 그가 민국이란 용어를 사용한 것은 그가 〈태식록〉에서 "반드시 서양과 같이 민주공화정치나 입헌군주제도를 시행한 뒤에야 국가와 민생이 보전될 수 있다"고 주장한 내용과 함께 3·1운동 이후 그의 정체론(政體論)을 넌지시 알려주는 것이기 때문이다.

동산의 한시는 나라 잃은 민족의 애환과 계몽운동 및 독립 쟁취의 강한 의지를 표현하고 있다. 그의 작품을 관통하고 있는 사상은 민족주의이며, 그 작시의 대상은 조국이고 각계각층의 동포들이었다. 그를 애국시인으로 평가하는 이유가 여기에 있는 것이다.

15

민립대학 설립운동을 주도하다

민립대학 설립운동은 1920년대 전반기에 물산장려운동과 함께 추진된 실력양성운동이었다. 일제의 식민지 교육정책의 기본 방향은 한국인의 우민화(愚民化)였다. 일제는 한민족을 순종과 복종만을 미덕으로 하는 식민지형 인간으로 만들고자 하였다. 침략자의 눈에 한민족은 야만인으로서 저급한 존재에 지나지 않았다. 따라서 일제는 한민족에게 실업교육은 장려할지언정 고등교육의 기회는 근본적으로 박탈하여 처음부터 대학 설립은 안중에도 없었다.

1911년 8월 공포된 제1차 〈조선교육령(칙령 229호)〉은 일제의 식민지 교육을 제도화하고 그 구체적 방침을 천명한 것이었다. 데라우치 조선 총독은 〈조선교육령〉 반포 직전인 7월 1일

각도 장관 회의에서 훈시를 하였다. 이 때 교육방침과 관련된 사항은 〈조선교육령〉의 핵심을 이루는데, 그 내용은 아래와 같다.

1. 한국인을 일본 신민(臣民)으로 육성하는 것을 교육의 궁극적인 목적으로 한다.
2. 점진주의(漸進主義)로 한다.
3. 근로의 습관을 형성하도록 힘쓴다.
4. 보통교육 및 실업교육에 힘쓴다.
5. 국어(일본어) 보급을 꾀한다.

데라우치 총독은 〈조선교육령〉의 실시에 즈음하여 그들의 〈교육에 관한 칙어(勅語)〉의 취지를 들어, 조선은 아직 일본과 사정이 다르다는 것을 강조하였다. 그리고 한민족의 덕성 함양과 일본어 보급에 힘써 일본제국의 신민다운 자질과 품성을 갖춰야 한다는 것을 내용으로 하는 유고(諭告)를 내렸다. 또한 그는 다음과 같은 훈시도 내렸다.

대개 금후 조선의 교육은 오로지 유용한 지식과 온건한 덕조(德操)를 양성하여 제국의 신민다운 자질과 품성을 갖추게 하는 것임을 주장하는 바이다. 따라서 먼저 보통교육의 완비를 기하고 또 중점을 실용교육에 두며, 그에 더하여 고등보통교육으로, 나아가서는 전문교육을 실시하여 각자 그 처지에 맞게 입신하고 가정을 일으킬 수 있는 바탕을 만듦으로써 국가의 진운(進運)에 따르도록 함을 요한다. 이 취지에 가깝게 만든 조선 학제의 발포를 볼 것.

조선 총독의 유고나 훈시 내용은 〈조선교육령〉의 골자와 일치하는 것이었다. 곧, 교육은 〈교육에 관한 칙어〉의 취지에 바탕을 둔 충량한 국민을 육성하는 것을 본래의 뜻으로 한다(제2조), 교육은 시세 및 민도에 적합한 것을 기해야 한다(제3조), 보통교육은 보통의 지식 기능을 전수하고 특히 국민다운 성격을 함양하고 국어를 보급하는 것을 목적으로 한다(제5조)는 것을 강조한 내용이었다.

한편, 내무장관인 우사미 가쓰오(宇佐美勝夫)도 〈조선교육령〉 반포에 즈음하여 훈시를 내렸다. 그는 교육을 '교화(敎化)'라고 하며, 조선총독부는 공립보통학교 교육에 가장 중점을 두고 있으며, 졸업과 동시에 일본어를 구사하고 실무와 실제적 지식 기능을 소유한 충량한 신민을 양성함을 목적으로 한다는 사실을 강조하였다. 더욱이 그는 보통학교 교육은 결코 상급학교 진학을 위한 예비 교육이 아니라고 단언하였는데, 이는 보통학교가 열등교육과 노예교육의 종결점임을 강조한 것임을 유의하여야 한다.

현재로서는 교육의 중심, 바꾸어 말하면 교화의 중심은 공립보통학교에 있다. 이로써 여러분의 임무는 오로지 이 학교의 내용을 충실히 하고 그 교화를 지방에 널리 퍼뜨림으로써 총독 정치의 본 뜻을 완수함에 있다. 공립보통학교의 경영은 총독부가 가장 중점을 두는 바로서 여러분의 임무와 성실함이 중차대한 것이다. 이로써 여러분은 오로지 이 학교의 내용을 충실히 하는 데 힘을 다하고 여력이 있으면 나아가 사립학교와 서당을 지도하고 인도하는 데 온 힘을 쏟아야 할 것이다. 또 보통학교의 목적은 결코 졸업생이 중학·대학 등 등급을 따라 향상하여 더욱 학문의 연구를 하게 함에 있지 않다. 곧, 공립보통학교를 졸업하면 바로 실무에 종사하여 성실·근면하고 힘든 일을 마다하지 않으며, 국어(일본어)를 구사할 줄 알고 또 상당한 실제적 지식 기능을 소유한 충량한 신민을 양성함을 본래의 취지로 하는 것이다. 따라서 공립보통학교의 목적은 결코 아동에게 예비적 교육을 실시함에 있지 않고 그 교육은 바로 한 사람의 인간을 양성함에 있음을 여러분은 잠시도 잊어서는 안 된다.

　제1차 〈조선교육령〉에서 최고의 고등교육은 실업교육을 위한 전문학교였다. 따라서 제1차 〈조선교육령〉에서 대학에 관한 법령은 완전히 배제되었던 것이다. 1922년 2월 공포된 제2차 〈조선교육령(칙령 19호)〉에서는 '대학령'을 두는 등 고등교육 도입을 위한 법령을 마련하기에 이르렀다. 그러나 이는 3·1운동의 영향으로 한민족을 식민지 지배체제 안으로 포섭하려는 얄팍한 수단에 지나지 않았다. 일제가 민립대학을 탄압하며 경성제국대학의 설립에 나선 것은 이러한 의도가 반영된 것이다.

　민립대학 설립운동은 1907년 국채보상운동 때 모금된 성금으로 추진하다가 조선 총독의 거절로 실패한 경험이 있었다. 그 이후 민립대학 설립운동은 조선교육회가 발전한 조선교육협회의 활동에서 비롯하였다. 조선교육회는 3·1운동 이후 조직된 한민족 단체 가운데 대표적인 것이다. 조선교육회는 1920년 6월 20일 안국동 윤치소의 집에서 '전국의 유지자를 망라 협의'하여 출발하였다. 당시 발기인은 한규설·이상재·류근 등 91명이었는데, 류인식도 발기인으로 참가하였다. 그는 조선교육회의 임원으로 활동하지는 않았으나, 교육에 관심이 컸던 그가 발기인이 된 것은 당연한 일이었다. 조선교육회는 발기 취지서에서 민족의 부활과 사회의 개선을 위해 순

教育會發起

朝鮮敎育會發起

韓圭卨、李商在、柳璉外諸氏가 目今世界的思潮의 大波瀾이 熖天의勢로 全球를 振動함에 際會하야 特히 우리 朝鮮의 社會狀態가 精神界物質的을 勿論하고 蓁雜混沌함이 極度에 達한니에 市內 安國洞 尹致昭氏邸에서 去二十日午後一時에 協讚하야 朝鮮敎育會發起會를 開催하얏더라

朝鮮敎育會趣旨書

社會의 完全한 發達은 그 社會를 組織한 各個人의 圓滿한 發達을 待한 然後에 可히 期望하나니 現下 우리의 社會狀態는 物質的精神界를 莫論하고 蓁雜混沌함이 極度에 達하야 上下가 一樣으로 金錢萬能主義 … 社會의 … 로 全半島의 精神界는 一塵無餘한 中에도 敎育界가 尤히 一塵無餘한 … 朝鮮敎育會를 發起하야 …

(趣旨書 本文은 마멸이 심하여 판독이 어려움)

六九年六月　日

發起人 （撫順）

韓圭卨、李商在、李達元、金性炳、金熙默、柳正秀、韓民昌、金乘圭、柳寅植、柳世鐸、柳瑾、金星濯、張悳秀、崔奎東、朴勝鳳、吳台燮、金尚沃、金貞植、李忠鎬、…明、薛泰熙、劉文煥、洪畓一、南…、李德基、俞鎭相、金喆鎬、崔俊…、泌祐、尹乘洙、柳承欽、安鍾元、鄭…、任璟宰、崔斗善、高元勳、鄭大…、鉉、李鍾殷、都頫基、尹致昭、朴…、基俊、李鍾圭、朱泰惠、金厚乘、丁元燮、李民傅、尹中誅、朴一、朱北洹、李河用、俞昌煥、鄭在龍、褧秀、李豊戒、金昌鐸、崔友然、李觀植、姜之翰、鶴、李鉉楨、吳尙俊、吳知泳、趙…、頔、李得年、俞鎭煥、姜…、東楨、張膓晟、金炳魯、吳兢善、朴在玓、宋遠楨、李希性、韓曦、東、韓昌東、徐承台、高性柱、沈夏廈、然升、金思容、朴在龍、沈夏廈、金夏鉉、南廷八、安鎬瑩、安一、英、權命采、柳長燊、千潤錫、徐相龍、鄭海魯、閔泳、殷、顧寅爀、梁址頗

조선교육회 취지서와 발기인 명단(《동아일보》 1920. 6. 23.). 류인식이 발기인으로 참여하였음을 확인할 수 있다.

연한 우리 민족의 재력과 노력으로 교육기관을 설립하여 운영할 것을 천명하였다.

그러나 조선총독부는 조선교육회가 한민족의 독립의식을 일깨우는 데 목적이 있다고 간주하고 이를 인가하지 않았다. 이에 조선교육회는 조선총독부의 인가를 받을 수 있는 조건을 갖추고 1922년 1월 24일 조선교육협회로 개칭한 뒤 조선총독부의 인가를 받았다. 그 뒤 조선교육협회는 민립대학 설립을 추진하였다. 그들은 비록 일제가 조선교육령에서 대학 설치를 규정하고 있으나, 일제가 설립한 대학에서 우리 청년들이 교육을 받는다면 일본의 노예가 될 수밖에 없다고 인식하였다.

이러한 때에 《동아일보》가 민립대학의 설립을 주창하고 나섰다. 《동아일보》는 1922년 2월 3일자 논설 〈민립대학의 필요를 제창하노라〉는 논설에서 일제에 의한 정치·경제적 예속을 당장은 인정할 수밖에 없는 상황이나, '학의 독립'은 민족의 영예와 실지 생활에 중차대한 것이라고 강조하였다. 나아가 정치적 자유가 있고 경제적 독립이 있다고 하더라도 '학'이 독립되지 못하면 자유와 권위가 없는 것이라고 하였다. 이 논설은 관립대학은 관료주의가 발호하고 민립대학은 민족주의가 발생한다고 그 차이를 지적하며, 진리의 연구는 자유를 절대의 생명으로 하는 것이기 때문에 민립대학이 필요하다고 주장하였다.

민립대학 설립 주체들은 이 운동을 '민중문화의 선구', '최초의 가장 큰 민중운동', '우리 민족의 생명운동이요 문화운동'으로 인식하며 추진하였다. 그러나 이 운동의 추진은 일제의 승인을 얻어야만 가능했기 때문에 《동아일보》는 또 다른 논설에서 이 운동의 방향이 '자본주의를 저주하지 않을 것이고 사회혁명을 고조하지 않을 것'이라며 일제의 비위를 거스르지 않도록 유의하였다.

《동아일보》의 민립대학 설립운동 제창에 조선청년연합회가 호응하고 나섰다. 조선청년회는 1920년 12월 1일 창립되어 130여 개의 가맹단체를 둔 전국적인 단체로 성장하였다. 이 모임은 1922년 4월 개최된 정기총회에서 전국 청년 단체에 보낸 건의안을 발표하였는데, 여기에서 민립대학의 조속한 실현을 촉구하고 적극적으로 참가할 것을 호소하고 나선 것이었다.

이 같은 분위기 속에서 1922년 말 민립대학기성준비회가 조직되기에 이르렀다. 이 회의 주요 인물은 이상재·이승훈 등 조선교육협회 회원으로서, 수표정 조선교육협회 안에 사무실을 두고 활동을 개시하였다. 이들은 각 군(郡)에 2인 이상 5인 이내로 발기인을 선정하도록 하되, 발기인의 자격과 선정 방법은 각 군에 일임하도록 하였는데, 전국적으로 뜨거운 호응

조선민립대학기성회 창립총회 기념사진(1923. 3. 30.). 아래 사진 앞에서 둘째줄 왼쪽에서 일곱번째가 류인식.

속에서 발기인을 선정하여 나갔다.

1923년 3월 29일 오후 1시, 전국 170여 개 군에서 1,170명의 발기인 가운데 462명이 참가하여 민립대학기성발기총회를 개최하였다. 이 자리에서는 민립대학기성회 창립을 만장일치로 통과시키고 〈민립대학 설립취지서〉를 발표하였다. 이들은 1차 사업으로 4백만 원을 모아 법학부·경제학부·문학부·이학부를 설립하고, 2차와 3차 사업으로 공학부·농학부·의학부를 설립하기로 결의하였다.

발기총회에서는 중앙부 임원으로서 집행위원 등을 선임하였는데, 동산은 중앙집행위원 30인 가운데 1인으로 선임되었다. 중앙집행위원의 명단은 아래와 같다.

이상재·이승훈·조병한·김 탁·고원훈·강인택·한용운·최 린·한인봉·김한승·오달세·류인식·조만식·이춘세·유성준·고용환·송진우·정노식·김우현·백남진·유진태·이갑성·남궁억·남홍윤·강백순·주 익·홍성설·현상윤·김정식·허 헌

중앙부 조직에 참여한 사람들은 기독교인으로 YMCA운동에 참여하였거나 105인 사건 기소자, 이승훈·한용운·최린·이갑성 등 3·1운동 때 민족대표 서명자 등 민족운동 참가자들과 실업자본가들이다. 이들은 대부분 학교 설립자, 교장·교사 등 교육계와 언론계에 종사하는 사람들이 많았고 대부분 전문학교나 대학 이상을 졸업하였다. 이들은 민립대학 설립 운동이 실패로 돌아간 뒤 민족주의를 고수했던 비타협주의자와 친일개량주의자로 분화하였는데, 비타협주의자 가운데에는 사회주의로 기우는 인물들도 많았다. 동산은 전통교육을 받았다는 점에서는 이들의 이력과 일정하게 차이가 있으나,

대학의 설립운동에는 누구 못지않은 열정을 지니고 있었다.

한편, 그 모임의 중앙부는 곧바로 지방부를 조직하기 위해 각 지방을 순회할 순회위원을 선임하였는데, 이 때 동산은 조선교육회의 발기인이자 이사인 이현식과 함께 경상도 순회위원에 임명되었다.

그가 경상도 순회위원으로서 각지를 순회하며 많은 지역 인사들을 만나거나 학교를 방문하여 강연하는 모습은 그의 《남정일록(南征日錄)》에 자세히 적혀 있다. 이에 따르면, 그가 1923년 3월 6일 안동을 출발하여 도로 형편으로 10여 일 만에 서울에 도착하였고, 이후 50일 넘게 서울에서 머물다가 5월 4일 남대문 역을 출발하여 경상북도 남부 일대를 순회하였음을 상세하게 알 수 있다. 그는 5월 5일 김천에서 시작하여 대구·경산·청도·밀양·삼랑진·창원·진주·하동·마산 등지를 도보로, 승용차로, 열차로, 때로는 말을 빌려 타고 이동하며 지역 인사들을 만났고, 그들의 환대 속에 지방부 조직에 힘썼다. 《남정일록》은 민립대학 설립운동 당시 지방 순회위원이 일기 형식으로 구체적인 활동상을 남긴 유일한 자료이다.

1923년 5월 10일, 경성부를 시작으로 각 지방에 230여 개의 지방부가 조직되었다. 경상도에는 대구·봉화·상주·안동·영덕·영주·의성·청도에 지방부가 조직되었다. 안동은 청년회

南征日錄

癸亥正月十九日 發程 遵路留滯 二十九日 入京 留五十餘日 三月十九日
發還 蓋民立大學期成會 將宣傳各地方而以余任慶北也 將
先從南道幾郡 轉而向北也 下午七時 到南門驛 洞哲 先 三兒 族君之秀
年秀及鄉中諸友 皆來餞 年秀君 暗暗垂淚 有惜別之意 淵和君 赴任奉化講
師興之偕行 二十日(陰五月五日) 上午二時 到金泉驛 淵和下車別 居三時 到大
邱 入朝鮮旅館李東植家 小話 朝後 歷訪知舊 當夜 洪宙一 鄭雲琪 南泌佑
尹洪烈 李宜鎬 來會 皆云日間 當組織地方部云 六日朝後 發向停車場 時
間未及 遂訪李根泳 小話 下午三時 乘車 到慶山驛 夜 李相鎭 金基鎬 來
話 七日 發向清道驛 下車 乘自動車 到清道舊邑 訪栢谷金容禧家 恩川柳
建一 長川趙羽綏 趙振伯 瞎兄 先到 夜 談話甚歡 八日往訪金明玉 小話
乘車 到衢陽邑 留宿 九日朝 往訪孫洛鉉 不逢又訪朴豪億 小話 仍往退老
村 訪正進學校 族叔潤慶 柳長榮 柳敎默 顚倒出迎 喜不可言 小頃 村人
皆來會 打話移日 夜宿 李兄朝圭家 十日往學校 校長李炳璂 引諸生相見

《남정일록(南征日錄)》. 민립대학기성회 경상도 순회위원으로 선임된 류인식이 자신의 경상도 일대 순회 사실을 기록했다.

가 주도하여 지방부를 조직하였는데, 동산의 영향력이 미쳤음을 짐작케 한다.

그러나 민립대학 설립운동은 결실을 거두지 못한 채 1925년 실패로 막을 내렸다. 가장 중요한 실패의 원인은 일제의 방해와 탄압 때문이었다. 일제는 이 운동이 전국적으로 확산되자 탄압과 회유를 병행하며 애써 저지하고자 하였다. 일제는 이 운동의 추진 의지를 무력화하고자 1924년 5월 경성제국대학 관제를 공포하였다. 뿐만 아니라 지방 순회단이 도착하면 선전내용이 불온하다거나 유언비어로 대중을 선동할 염려가 있다는 구실로 집회를 중단시켰다. 또한 설립 기금 기부자를 불러 조사하는 등 공포 분위기를 만들기도 하였다. 게다가 1923년 관동대진재(關東大震災)가 발생하여 동포들의 참상이 전해지자 거액의 의연금이 그쪽으로 돌아갔고, 남부지방의 가뭄과 북부지방의 홍수 등 자연재해도 설립 운동의 커다란 걸림돌이 되었다.

실패의 원인은 그것만이 아니었다. 중앙부는 지방부에 대한 통제력을 지니지 못하였고, 지방부는 중앙부를 신뢰하지 않아 상호간의 교류나 협력은 거의 이루어지지 않았다. 더구나 지방부에 참여한 사람들 가운데에는 식민지 체제에 편입되어 말단 행정을 담당하고 있던 군수·면장·이장이나, 관변 단체에 소속된 자들이 많았다. 이 같은 지방부의 인적 구성은 일제의 회유와 탄압과 함께, 운동이 와해될 수밖에 없는 근본적 한계였던 것이다.

이로써 보면, 동산은 민립대학의 설립에 나선 최초의 단체인 조선교육회에 발기인으로 참여하였고, 민립대학기성회의 준비회에는 참여하지 않았지만 민립대학기성회의 중앙부 집행위원과 경상도 순회위원으로 선임되는 등 중요한 자리에 있었음을 알 수 있다.

16

신간회 안동지회
초대 회장에 추대되다

동산은 1920년대 안동 지방의 교육과 사회운동을 주도하였다. 그의 나이는 이미 50대 중반을 넘고 있었다. 당시 안동에서는 동산을 비롯한 혁신 유림들과 보수 유림들의 대립이 계속되었고, 일부 혁신 유림들이 보수 유림으로 되돌아가려는 경향도 보였다. 동산은 이 같은 상황을 서간도의 일송 김동삼에게 편지로 전하며 걱정을 털어 놓았다.

…… 〈도산급문록〉 간행 이후로 오천(외내, 광산 김씨 집성촌)과 하회(하회 류씨) 및 천전(의성 김씨)에 분쟁이 일어나 곧 싸움터가 되어 마을마다 다툼이 벌어지며 집집마다 옛 학문으로 되돌아갔습니다. 그리하여 유신사상과 해외에서 독립

운동을 하는 사람들을 미치광이라고 지목하며 이른바 호서파는 무리를 지어 어울리니 장차 얼마 가지 아니하여 일이 벌어질 것 같습니다. 우리들 몇 사람은 욕을 얻어먹음이 날로 더하고 업신여김이 차츰 심해져 감히 머리를 들고 입을 열 수 없습니다. 스스로 몸과 마음을 돌아보건대 또 장차 완고파에 물들어가는 것이 아닌가 의구심이 생깁니다. 완고파들은 편안히 먹고살고 집에 별다른 걱정이 없기 때문에 차츰 생을 편히 살고자 하는 마음이 생겨 모든 징후가 이미 옛날로 돌아가고 있습니다. ……

또 사돈인 정건모에게 보낸 편지에서는 "친척이 꾸짖고 향당이 성토하고 집안 식구와 마을 아낙네도 놀라고 성내니 하늘이 높고 땅이 두터워도 도망할 곳이 없다."고 고충을 호소하기도 하였다.

그러나 동산은 이에 굴하지 않고 계몽운동에 힘써 1920년대에 들어 안동 지방에는 사립학교들이 많이 세워져 신교육이 크게 발흥하게 되었다. 동산은 이 기쁜 상황을 만주에 가 있던 이원일에게 "안동 지방의 교육열이 크게 높아져 7개의 공립학교와 사립 강습소가 40여 개소나 생겨났고, 학생 수는 4, 5천 명 이상이며 시골의 학당에서도 옛 글을 배우는 곳이 없다. 대지의 사조가 마침내 반드시 흘러넘치고 있다."고 전하기도 하였다. 그의 주선으로 안동 일대의 민간 사립학교 36 개교가 연합운동회를 개최할 만큼 안동의 신교육열이 높았 고, 그 중심에 동산이 있었다.

동산은 안동뿐만 아니라 인근 지역의 교육운동에도 참가 하거나 영향을 주었다. 1921년에는 대구의 교남학관(교남학 교, 대륜 중고등학교의 전신) 설립운동에 참가하였다. 교남학관 (嶠南學館)은 그가 홍주일·김영서·정운기 등과 협력하여 세 운 학교인데, 6개월 과정의 초등과, 1년제의 중등과, 3년제의 고등과를 두었다. 당시 동산은 이 학교의 설립을 위해 안동 의 여러 문중과 유력자들에게 모금운동을 펼쳤는데, 이 학교 의 설립은 영남 지방의 교육운동에 큰 영향을 끼쳤다. 한편, 그는 영천 화북면에 있던 백학서당에서 조병건이 신식교육을 실시하다가 보수 유림들로부터 드센 반발을 받았다는 소식을 듣고는 그곳의 보수 유림들을 통렬하게 꾸짖는 통문(通文)을 보내기도 하였다. 백학서당은 이육사가 1922년에 다닌 학교 였는데, 동산이 이 통문을 보낸 시기는 그가 재학했던 무렵의 일이다.

그는 안동 지방 청년들의 고등교육을 위해 고등보통학교의 설립을 추진하였다. 그것은 중등학교인 협동학교가 3·1운동으 로 폐교되고 난 뒤 정식으로 고등보통학교를 설립하려는 움직임이었다. 이 운동은 1921년부터 추진되었으나, 1922년 4월 26일에서야 안동·의성·청송·영양·영덕·봉화·영주·예천 등 북부 지역 8개 군 연합고등보통학교 기성회 창립총회가 개최되기에 이르렀다. 이 회의는 이균호를 임시의장으로 선출하고 설립 기본금을 50만 원으로 결정하되 안동이 20만 원, 나머지 7개 군이 30만 원을 담당하기로 하고 곧 기금 모금에 착수하였다. 동산은 이 과정에서 기성회 회장인 이균호에게 모금의 진척 상황을 묻는 편지를 거듭 보내고 조언을 하는 등 각별한 관심을 보였다. 그러나 고등보통학교 설립운동은 재정 형편이 어려워져 잘 진행되지 못하였다. 그가 이듬해에 전개된 민립대학 설립운동에 적극 참여한 것은 이 같은 그의 고등교육에 대한 열의를 잘 보여주는 것이다.

동산이 1920년대 초 안동의 교육운동에 힘쓰고 있는 사실은 《개벽》 제15호(1921. 9.)를 통해 전국에 소개되기도 하였다. 이 기사를 쓴 기자는 자신이 안동 지방을 취재하며 가장 감격한 것은 류인식의 활동이라고 하며, '한 사람의 힘으로 지방을 일으켰다(〈1인이 가이흥향(可以興鄕)〉)'는 기사를 통해 동산의 협동학교 설립과 운영 및 인근 지역의 신교육운동에 미친 영향 등을 소개하였다. 기자는 안동의 신학교 건립은 동산에 의한 신문명 건설운동이라고 하며, 당시 동산 등이 추진

《개벽(開闢)》 제15호(1921. 9.)에 실린 류인식 칭송 기사

하고 있던 중등학교 건립운동도 함께 소개하였다. 기사의 내
용은 아래와 같다.

1인이 가이흥향(可以興鄕)

기자가 그 지방에서 들은 말 중에서 가장 감격하야 마지아
니한 것은 동군 동후면에 정거(定居)한 류인식씨의 일이엇다.
씨는 일즉이 경성에 주류하며 시세의 추이에 착목(着目)하던
중 거금(距今) 14년 전 정미에 문득 향읍인 안동으로 돌아와
당시 군수와 상모하고 동군 읍내 유궁 재산 1,220두락의 강
제 기부를 수(受)하야 동군 임하면 천전리에 중등 정도의 협
동학교를 창설하고 신교육의 실시에 착수하얏다. 교육열이
불가티 일고 신문명에 대한 동경이 금일가티 간절한 이 때에
잇서서도 다수인을 상대로 하야 일개의 학교를 건설함이 실

로 이사(易事)가 아니엿던 거금 14년 전의 그 때에 잇서 특히 구문화에 대한 숭앙의 도가 조선 어느 지방보다도 제일로 농한 그 지방에 잇서 몽중에도 생각치 아니하던 신문명의 수입을 일조에 계코저 한 그 운동이 어찌 난사(難事)가 아니엇스리요. 씨의 그 운동은 과연 그 지방의 청천벽력이엇섯다. 일반은 처음에는 경황하얏스며 다음으론 난적(亂賊)의 소위로 인하얏다. 그와 가튼 사위의 공기는 필경 협동학교의 경술년 참화를 유치하야 그 학교의 교원이던 김기수, 안상덕, 리종화 삼씨는 당시 침입한 의병의 손에 총살되고 학교는 일시 문을 닷는 부득이에 지하얏다. 그러나 유씨와 기타 기인의 유지는 이에 불굴하고 곳 종전의 교육을 계속케 한 바 훼욕하는 자는 훼욕하얏스나 양해하는 자는 양해하기를 시하야 기후 미기에 예안 퇴계촌에는 동 정도의 보문의숙(寶文義塾), 풍서면 하회촌에는 동 정도의 동화학교(東華學校)의 설립을 견하야 최근까지 계속하던 중 경영의 곤난과 당국의 종용으로 인하야 우 삼교는 객춘에 모다 보통학교로 조직을 변경한 바 이것이 그곳 신문명 건설운동의 대개이며 어떠케 말하면 류인식씨 활동의 대개이다. 그래서 그 지방에 잇서 오늘날 신문화를 말하고 신활동을 절규하는 신진청년의 대부는 모다 우 삼학교의 출신 혹은 관계자 아님이 업다 한다. 기자는 그 지방의 문화개신에 대한 류씨의 공을 다하다 하는 동시에 류씨 급 기타 청년유지는 다시 전일의 그 열력을 분발하야써 위선 그 지방에 중학교 일교만 설립함이 잇기를 절망불이한다. 우

리보다도 여러분이 먼저 느꼇슬 것이어니와 어느 경우로 볼
지라도 안동 지방에 중등학교 하나쯤은 잇서야 될 것이 아니
겟습니까.

　한편 동산은 안동 지방의 사회운동도 적극 지원하였다. 그
가 사회운동에 관심을 보이는 조짐은 앞에서 본 〈차야한십
절〉이란 시에서 찾아볼 수 있다. 그는 이 시에서 독립운동가
들과 함께 상인·노동자들도 일본 제국주의 억압의 사슬을 끊
고 일어나야 할 해방운동의 주체로 인식하였다. 따라서 그는
노동운동에도 일정하게 영향력을 행사하였는데, 곧 조선노동
공제회 안동지회의 설립이 그것이다.
　1920년 4월 서울에서 우리나라 최초로 전국적 규모의 근
대적 노동 단체인 조선노동공제회가 창립되었다. 이 회는 ①
노동자 계급의 지식 계발, ②품성 향상, ③환란 구제, ④직
업 소개, ⑤저축 장려, ⑥위생 장려, ⑦일반 노동 상황의 조
사 연구를 제1차적 목적으로 하였는데, 창립총회에서 채택한
〈조선노동공제회 강령〉은 이 회의 지향을 잘 알려준다.

　　1. 인권의 자유 평등과 민족적 차별의 철폐를 기함
　　1. 식민지 교육의 지양과 대중문화의 발전을 기함

1. 노동자의 기술 양성과 직업 소개를 기함
1. 각종 노예의 해방과 상호 부조를 기함

  조선노동공제회는 1920년 5월부터 평양과 대구를 비롯하여 각 지방 지회 조직에 착수하여, 서울의 본회를 비롯하여 46개 지방 지회에 6만 2천여 명의 회원을 확보하게 되었다. 안동에서도 조선노동공제회 지회 조직의 움직임이 일어났고, 이 해 9월 7일 50여 명이 조선노동공제회 안동지회 설립준비회를 개최하기에 이르렀다. 이들은 창립위원을 다수 선출하여 일반 설립 사무를 진행하는 한편 서울 본회에 교섭케 하였다. 그 결과 9월 23일 예수교회당에서 발기총회를 갖고 지회를 창립하였는데, 총간사에 류동저가 선출되었다. 이듬해 7월 15일에는 임원 개선이 있었는데, 이 날 선임된 임원은 다음과 같다.

    총간사: 류주희
     간사: 류주희·이운호·류준희·김원진·류경하·김남수·
        류연견·이규호·김진윤·이석규 외 50인
     의사: 류치묵·신 덕·류동저·권영식·권영형 외 25인

  조선노동공제회 안동지회의 간부와 회원들은 대부분 협동

학교 졸업생으로서 안동청년회를 이끌던 인물들이거나, 동산의 직계 제자는 아니더라도 그와 교유하던 인물들이 대부분이었다. 따라서 조선노동공제회 안동지회의 창립과 운영에서 동산의 영향력은 지대한 것이었다.

1921년 7월 현재 안동지회의 회원은 약 1천 4백여 명이었고, 의연금은 약 5천여 원에 달하였다. 안동지회는 3차 정기총회까지 기록에 보이는데, 특히 노동야학과 강연회에서 많은 성과를 거두며 안동 지방의 대표적인 청년단체로 성장해나갔다. 그리고 풍산소작인회를 조직하여 농민운동을 전개해나간 것도 조선노동공제회 안동지회에서 그 역량이 성숙되어갔기 때문에 가능한 일이었다.

1923년 1월 서울에서 물산장려운동을 위한 조직체가 만들어졌고, 안동 지방에 그 물결이 밀려오자, 동산은 이 운동도

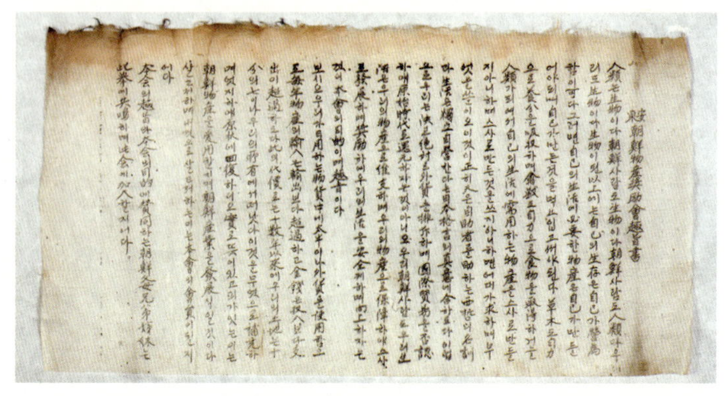

〈안동물산장려회취지서〉(권오설 유품)

이끌어 나갔다. 이 운동은 1920년대 전반기에 전개된 대표적 실력양성운동이요 경제투쟁이었다. 또한 3·1운동 이후에 나타난 민족운동의 새로운 형태로 전개된 것으로서, 민족 역량의 개발과 육성이라는 목표를 뚜렷이 제시하였다. 그런 점에서 물산장려운동은 이전의 단순한 일본제품 배척운동과는 구별된다.

한편, 같은 해 10월에 형평사 안동분사가 조직되고 곧이어 11월에 경북 제2지사(안동·의성)가 조직되었다. 형평운동은 가장 천대받는 백정들의 신분해방운동이었다. 우리 역사에서 노비제도가 공식적으로 폐지된 것은 1894년의 갑오개혁 때이나, 동산을 비롯하여 이상룡·김좌진·이회영·여운형이 자기 집의 노비를 해방시켜 준 사례에서 살펴보았듯이 노비는 엄연히 존재하고 있었다.

형평운동은 1923년 시작되자마자 곧바로 전국에 지사와 분사 80개가 조직될 정도로 호응을 얻었다. 지사와 분사의 설립은 각 지역별로 형평사 창립발기회를 열고 발기위원회를 구성하여 추진해 나갔다. 곧, 발기위원회가 활동하여 회원을 모집하고 본부에 지사나 분사 설립 신청을 하여 승인을 얻게 되면, 창립대회 일시를 정하여 경찰에 집회 허가를 얻어야만 하였다. 창립발기위원회는 백정 가운데 뜻있는 사람들이 모여 구성하는 경우도 있었지만, 그 지방의 기존 각종 사회단체 구성원들의 지지와 후원으로 이루어지는 경우도 많았다. 후자의 경우는 그 지역의 청년회를 비롯하여 노동·농민운동 단체나 사상단체들의 운동이 활발하였다는 사실을 입증하는 것이다.

1908년 자신의 집에서 부리던 노비를 해방시켰던 동산이 형평운동을 적극 찬성하고 지원하였음은 짐작하기 어렵지 않다. 형평사 안동분사나 경북 제2지사 설립과 관련하여 동산의 이름은 확인되지 않지만, 참여 인물들이 대부분 백정이 아니라 동산의 영향 아래에 있던 청년단체나 사회단체의 구성원이기 때문에 그가 지도하거나 관여하였음은 의심할 바 없다.

1925년 8월에 발생하여 전국적으로 세인의 관심을 끈 이른바 '예천사건' 때에도 안동분사나 경북 제2지사는 예천 지역의 형평운동을 적극 지원하였다. 예천사건이란 예천 지역민들이, 형평사 예천분사와 예천의 형평운동을 적극 후원하던 신흥청년회 사무실을 습격하여 건물과 집기를 파괴하고 형평사원들을 닥치는 대로 구타한 사건으로서, 당시 예천은 전쟁터를 방불케 할 정도였다. 예천사건의 발단이 된 8월 9일의 창립 2주년 기념식장에 내빈으로서 안동 화성회 집행위원인 김남수와 김우전 그리고 풍산소작인회의 최영수가 참여했다는 사실은, 예천의 형평운동을 안동 사람들이 적극 지원하였음을 알려주는 것이다.

예천사건이 발생하자 안동분사와 경북 제2지사는 이에 적극 대처하였다. 안동에 사무실을 두고 있었던 경북 제2지사는 곧바로 경기·충청·전라 등 각지의 형평사 대표들을 소집하여 최후의 1인까지 예천 지역 사람들에게 대항하며, 여기에 드는 비용은 사원들이 각자 부담한다는 내용을 결의하였다. 또한 임시총회를 개최하여 예천사건의 진상을 보고하고 해결 방침을 토의한 결과, 본부의 결정에 따르기로 의결하기도 하였다.

이처럼 1920년대 전반기에 안동의 교육운동과 사회운동을 주도하고, 중앙의 민립대학 설립운동 등에 참여했던 동산은 해외독립운동 세력과도 비밀리에 연계하고 있었다. 그는 한때 자신도 가 있었던 서간도의 동지들과 자주 서신을 주고받았다.

뿐만 아니라 1921년 정월 14일 상해 프랑스 조계지에서 활동하고 있던 심산 김창숙이 보내 온 편지는 중요한 사실을 알려 준다. 이 편지 봉투 뒷면에 기재된 발신자는 김성문(金星文)이란 가명을 사용하였고, 수취인은 '류인식 선생 효려(孝廬)'라고 되어 있다. 편지 내용은 먼저 부친상을 당한 류인식을 정중하게 위로하는 5행의 문장으로 시작한다. 그런데 이 부분에서 의문이 제기된다. 곧, 동산이 부친상을 당한 것은 그보다 3년 뒤인 1924년의 일인데, 부친상에 대해 조문하고 효려(상제가 거처하는 곳)라는 표현을 한 점은 사실과 다르기 때문이다. 또한 김창숙이 가명을 사용한 것도 이상하다. 아마도 이는 외국에서 오는 편지를 검열하는 일제를 의식한 눈가림이 아니었나 생각된다. 물론 편지 내용에서는 김창숙이라는 실제 이름을 사용하였다.

김창숙이 보낸 편지의 골자는 상해에서 독립운동을 하고 있던 류림(柳林)이 병을 얻어 위중하니 치료비 4백 원을 고국에서 마련해 보내주어야만 살릴 수 있다는 내용이다. 류림은 협

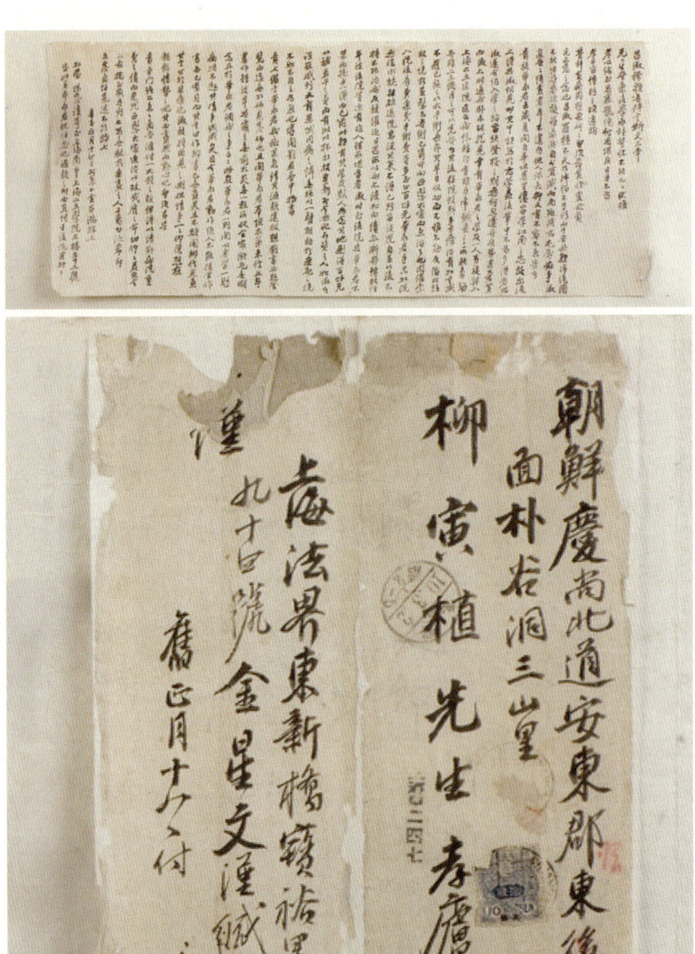

심산 김창숙이 상해에서 류인식에게 보내 온 편지와 봉투(1921. 1.)

동학교 출신으로 어려서부터 동산의 영향을 많이 받았는데, 광동사범학교를 졸업하고 중국에서 독립운동을 펼치고 있었다. 그러나 류림이 위중하다는 것도 사실이 아니었다. 이 또한 일제의 검열을 의식하여 그들만 알아볼 수 있는 은유적 표현으로서 독립운동 자금을 요청한 것이었다.

동산은 1920~1925년 사이에 은행에서 5만 원이라는 거액의 약속어음을 발행하였다. 당시 그가 발행한 약속어음 가운데 일부가 지금도 남아 있다. 액면 금액은 4백 원에서 1천 원까지 다양했는데, 채무자는 주로 류인식이었고 채권자는 자녀와 조카·친지 등 안동의 유림들이었다. 당시 그의 집안은 70석 정도의 중농으로서 전 재산이라고 해야 1,500원 정도에 지나지 않았으니, 약속어음은 그의 집안 형편으로서는 감당할 수 없는 거액이었던 것이다. 현재 남아 있는 여러 장의 어음은 앞면과 뒷면의 필체가 모두 동일하다. 이는 일반적인 약속어음 거래와는 다른 것으로서, 문중이나 안동 유림 차원의 독립운동 자금 모금 활동으로 보아야 할 것이다. 이로써 보면, 동산은 비록 국내에 머물러 있었지만 해외 독립운동 세력과 지속적으로 연계하고 있었고, 더욱이 국내에서 자금을 모금하여 대한민국 임시정부 등 독립운동 세력을 지원하는 중심적 위치에 있었음을 알 수 있다.

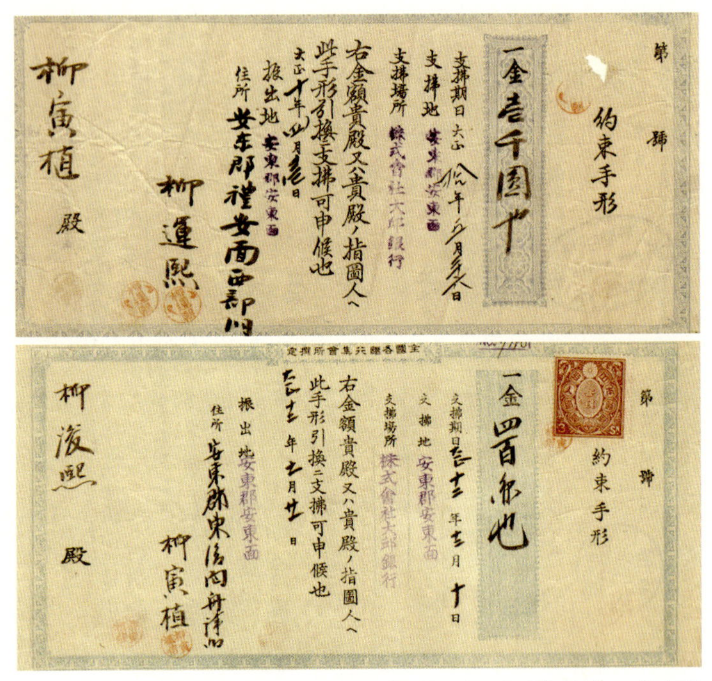

1920년대 전반기 류인식이 발행한 어음. 안동 유림을 중심으로 한 독립운동자금 모금을 알려준다.

동산은 1927년 신간회 안동지회가 설립될 때 초대 회장으로 추대되었다. 그의 나이 63세이며, 세상을 뜨기 1년 전의 일이다. 1920년대 중반부터 민족주의 세력이 갈라진 것은 독립운동 주체라는 면에서 볼 때 시민 계층의 분화였다. 이제 독립운동선상에서 개량주의자나 타협적 민족주의자나 시민 계층은 이탈한 것으로 간주해도 좋을 것이다. 비타협적 시민계층은 민중과 공통분모를 공유할 수 있었고 합류를 시도할 수 있었다.

민족주의 좌파와 사회주의 계열은 국민대표회와 국민당 결성 계획 등 두 진영의 합동이나 연합을 추진하였으나 실패한 바 있다. 그러던 중 1926년 권오설 등이 주도한 제2차 조공(朝共)과 천도교 구파가 민족협동전선을 수립하여 6·10만세운동을 추진하였고, 다시 양자가 조선민흥회를 발기하였다. 그리고 정우회 선언에서 민족혁명유일전선을 촉구함으로써 드디어 1927년 2월 15일 '진순(眞純)한 민족당'으로서 신간회가 결성되는 구체적 계기를 만들기에 이른 것이다. 신간회는 전국에 120~150여 개의 지회를 지니고 있었고, 2~4만의 회원을 보유한 일제 강점기 최대의 항일운동단체였다.

1927년 7월 9일, 안동에서 신간회 지회 설립준비위원회가 열렸다. 준비위원회는 정현모·김중학·심계하·이술상·권태석·이세녕·권중열·문재빈 등 20명의 위원을 선임하고 각 면별로 발기인을 모집하였다. 드디어 8월 26일, 보광학교 대강당에서 회원 197인이 참가한 가운데 설립대회가 열렸다. 이 자리에는 서울에서 축하하려고 내려온 홍명희도 참석하였다. 지회를 설립할 때 지회에서 본부에 강사를 특별히 보내줄 것을 요

安東新幹會設立

慶北安東에서 新幹會支會를設立한다함은이미報道한바어니와去二十六日下午二時에當地普光學校大講堂에서會員百九十七人中九十餘名이出席하고設立大會를開催하엿는데準備委員中鄭顯模氏가開會를宣言하자臨時議長으로權泰錫氏가選擧되여議事를執行할새準備委員會의經過報告가잇슨後本會에서出張한洪命憙氏의簡單한趣旨說明이잇고來賓側으로朴儀陽氏의祝辭와四方에서들어온祝電文을朗讀하고그다음任員選擧에잇서서는銓衡委員七人을選擧하여一任하고財政問題에들어가서여러가지의討議가잇슨後同七時半頃에大盛況裡에萬歲三唱으로無事閉會하엿는데選擧된任員은會長柳寅植、副會長鄭顯模、總務幹事權泰錫外二十三人이라더라(安東)

신간회 안동지회 설립 보도기사(《동아일보》 1927. 8. 31. 위), 신간회 안동지회 회의가 열렸던 애련정. 현재는 안동민속촌으로 옮겨졌다(아래).

청하는 경우가 많았는데, 이 때 초빙 연사로서 가장 많은 지명을 받은 인물이 홍명희였다. 그가 안동지회 창립에 참가하였다는 것은 본부에서 안동지회를 중요하게 여겼다는 반증이기도 하다. 이 때 동산은 초대 회장에 추대되었고, 부회장에는 정현모가, 총무에는 권태석이 각각 뽑혔다. 그 밖에 주요 구성원들

신간회 안동지회 제2차 정기대회 모습(1928. 1. 29. 위), 신간회 안동지회 제2차 정기대회 기념 촬영(아래)

은 안동의 교육문화운동 등 계몽운동에 참여한 인물들과 화성
회·풍산소작인회에서 활동하던 인물들이었는데, 1928년에는
회원이 600명에 이르는 대규모 조직으로 발전하였다. 동산은
이듬해 1월 병세가 위중해지자 자신의 제자이자 부회장을 맡
고 있던 정현모에게 회장직을 넘겼다. 동산이 정현모에게 회
장을 넘긴 뒤, 부회장은 권중열이 맡았고, 류연구·권태동·오
성무·남동환·안상길·이창목·이진호·이상봉 등을 전형위원
으로 선임하는 등 조직 개편을 단행하였다.

　안동은 지역적 특성으로 말미암아 1920년대 초반까지는 민
족주의 계열과 사회주의 계열의 구분이 명확하지 않았다. 그
러나 차츰 사회주의 세력이 민족운동의 핵심으로 떠오르고
있었고, 그런 현상은 안동에서도 예외는 아니었다. 그런 점에
서 동산이 신간회 안동지회의 초대 회장에 추대되었다는 것
은 그가 양대 세력을 아우를 수 있는 위치에 있었다는 사실을
보여주는 동시에, 민족주의 계열이었던 그가 말년에는 사회
주의 사상에도 관심을 지니고 있었음을 알려주는 것이라 할
수 있다.

17

사거와 추모

동산은 1920년대에 들어 가정적으로 불행한 일이 겹쳤다. 1924년 11월에 부친이 돌아가셨다. 그는 유림의 영수였기 때문에 5개월이 지나 이듬해 3월 유림장으로 장례를 치렀다. 계몽운동으로 돌아선 자신에게 의절을 선언한 아버지였기 때문에 그의 애통함은 더하였을 것이다. 부친의 장례를 모시고 난 8일 뒤 그의 부인이 세상을 떠났다. 그 뿐만이 아니었다. 9월에는 큰아들 준희가 요절하였다. 그는 준희·윤희·철희의 3남을 두었는데, 2년 뒤인 1927년에는 둘째 아들인 윤희가 세상을 떠나는 등 비운이 잇따랐다. 이 같은 가족사의 비극에도 굴하지 않고 중앙과 안동을 왕래하며 민족운동을 주도하고 저술 활동을 계속하였다는 점에서 그의 업적은 높이

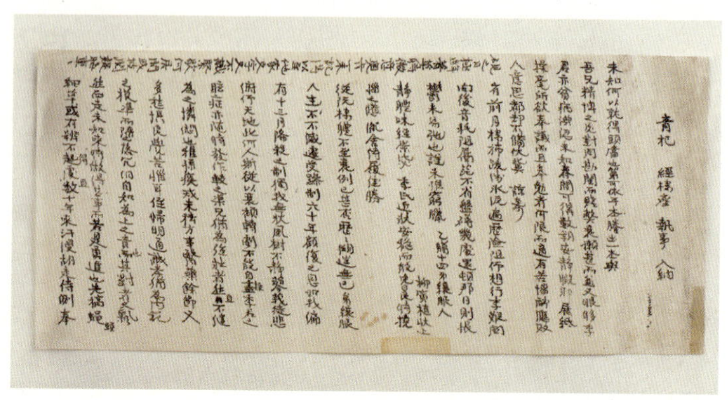

류인식 친필 편지. 류인식은 친지와 제자들과 자주 편지를 주고받았다.

평가되어야 할 것이다.

동산은 민족운동에는 열정적이고 엄정하였지만, 문중과 제자들에게는 따뜻한 사람이었다. 그는 수시로 문하생에게 편지를 보내 근황을 묻고 상대방이 초상을 당하였을 때에는 따뜻하게 위로하였다. 또한 농사 작황을 염려하고 신혼부부의 생활에 대해 안부를 묻는 자상한 스승이었고, 청년들이 학구열은 높으나 지나치게 경망스러움을 걱정하는 엄격한 스승이기도 하였다. 그의 편지 가운데에는 문중 인사의 문집 간행을 위해 애쓴 사연도 보인다.

1927년 겨울, 동산은 병으로 몸져누웠다. 이듬해 들어 병세가 위중해지자 정현모·안상길·이운호 등 신간회 지회와 안동

청년단체 대표들이 그의 집에서 대기하였다. 그는 4개월 남짓을 병석에 있었는데, 다시 일어날 수 없음을 깨닫자 종손인 기태를 불러 "나라와 겨레를 위하여 아무것도 이루지 못하고 이 세상을 떠나는 나는 죄가 많은 사람이다. 내가 죽은 뒤 절대로 과장하여 장사를 지내지 말라. 이는 내가 눈을 감지 못하게 되는 무거운 죄이니 너희들이 힘써 금지하거라."고 당부하였다.

그는 운명하기 얼마 전 스스로 자신의 일생을 돌아보고 한탄하며 〈자탄(自嘆)〉이라는 시를 지었다. 이 시는 그가 종손인 기태에게 한 말과 비슷한 내용이다.

백번 꾀를 냈지만 국민들에게 도움이 되지 못하고
세월만 헛되이 흘려보냈구나
차라리 보리수 아래 부처님께 빌기를
다음 생에는 지혜가 있고 용맹한 사람이 되기를

그가 기태에게 당부한 말과, 이 시를 통해서 그가 죽음을 맞이한 시점에서도 일제의 식민지 지배에 신음하고 있는 민족을 염려하였던 충정을 알 수 있다.

4월 29일 아침, 그는 갑자기 혼수상태에 빠졌고, 결국 이날 오후 10시 25분 세상을 뜨고 말았다. 당시 《동아일보》·《조선일보》·《중외일보》 등은 일제히 그의 사거를 보도하며 애통해하였다. 안동의 각 사회단체들은 비통한 가운데 사회장으로 치르기로 하고 준비에 분주하였다. 이 때 일제가 돌연 사회장 불허 통보를 해 왔다. 신간회장도 안 된다며 불허하자 하는 수 없이 일반 사람들과 같은 장례로 치를 수밖에 없었다.

5월 21일 오전 7시, 예안동 읍전 사염에서 1천여 명의 조문객이 운집한 가운데 장례가 거행되었다. 이운호의 개식사와 안동악대의 주악 연주로 시작된 식은 정현모의 비통한 식사와 이균호의 약력 보고, 김명섭의 애도가와 주악 연주로 이어졌다. 그러나 이날 애도사와 조문 낭독은 일제에 의해 금지당하였다.

당시 보내온 애도사 가운데 한 구절을 보면 다음과 같다.

> 선생을 경모하고 애휼(愛恤)하는 만천하 민중들아! 조선을 위하여 울고 민중을 위하여 싸우던 선생은 갔다. 이제는 영구히 가시고 말았다. 듣는 자 슬퍼하지 않을 이 누구이며 심통과 열루(熱淚)를 금치 못하다 뿐이랴. 이 자리에서 한 가지 최후 결별의 애도를 표백(表白)할지어다. 비탄하는 대신에 우리는 전력을 다하여 최후의 목표까지 1일이라도 빨리 도달하기를 선생의 죽음 앞에서 굳게 맹서하자. 그리하여 우리는 선생의 추억을 기념할 수 있을 것이다.

류인식 사망을 보도한 1928년 5월 4일자 신문기사. 위에서부터 《동아일보》·《조선일보》·《중외일보》. 맨 아래는 류인식의 장례 보도기사(《동아일보》 1928. 5. 25.)

이날 각계각층으로부터 130여 개의 만장(輓章)과 많은 조문
이 보내져 왔는데, 안동청년동맹의 김응한이 보낸 조문은 일
제에 압수당하였다. 당시 언론은 동산의 성대한 장례식 광경
을 '예안지방 초유의 성의(盛儀)'라고 보도하였다. 장례 행렬
은 10리에 걸쳤는데 이날 형평사에서도 조기를 보내 왔다. 이
를 본 유림 가운데 일부 인사가 형평사의 조기를 치워버리라
고 하여 말썽이 벌어졌으나, 장의위원회는 동산이 형평운동
에도 참여하였기 때문에 형평사의 조기는 당연한 것이라며
반발을 물리쳤다고 한다.

동산이 서거한 뒤 1931년에는 막내아들인 철희마저 죽어
그의 집안에는 세 명의 며느리와 어린 손자들만이 남아 가산
은 극빈을 면치 못하였다고 한다.

그가 세상을 떠난 지 1년 뒤에 1주기 추도식이 열렸다. 이 때
안동청년동맹 풍산지부에서 보내 온 〈추도고동산류선생문〉이
남아 있어 그를 추모하는 안동인의 심경을 잘 보여준다.

추도고동산류선생문

지난해 이 때에 선생이 가시더니
올해 이 때가 되어도 선생은 오시지 못하였네

류인식의 장례 행렬. 대열이 10리에 걸쳤으며 130여 개의 조기가 장관
을 이루었다.

선생은 아주 가시였거늘

우리는 행여나 선생이 다시 오실까 하여

기다려지는 마음 헛된 줄 알면서 또한 기다려짐이여—

그러나 우리는 슬픔만을 슬퍼할 줄

아는 자들이 아니외다 — 그것은 —

선생이 우리들에게 가르쳐 주신 그 굳센 교훈

그리고 선생 일생애의 그 모든 위대한 전율(戰律)이

이날에 다시금

모든 젊은 핏줄을 흔들어 일으키는 까닭에 —

신간회 안동지회에서 보내온 추도문

굳세어지어라 그리고 승리하리라
이것이 우리를 두고 가신 선생의 불망(不忘)의 혈심(血心)
오! 우리는 굳세어지어라 승리하여라
이것이 선생의 마음을 마음함에 족하다 합니다

또한 신간회 안동지회에서도 추도문을 보내 왔다. 이 추도
문은 동산의 정신은 죽지 않았다고 하며, 그의 유지를 계승하
여 반드시 성공하겠다는 또 한 번의 굳은 맹서로 맺고 있다.

…… 선생이시여. 죽지 않으신 선생의 정신은 저 신비한
가온데서 오작 우리의 현재을 보살피사 애달푼 가삼이 얼마

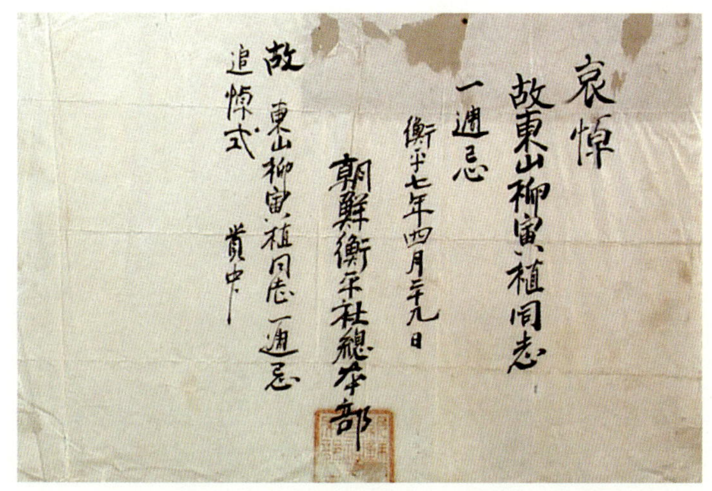

조선형평사총본부가 류인식 사거 1주기를 맞이하여 보내온 애도문

나 쓰아리시며 우리의 미래를 위하여 참된 우슴을 얼마나 우스심닛가. 우으로 저 교결한 성월과 아래로 저 심원한 하해로 더부러 순환하시여 유동하시와 우리의 모든 앞일에 많은 지도와 보조를 주시기 비나이다. 우리들은 오날날 선생을 추도하는 이 자리에서 또 한번 굳은 맹서를 맷나이다. 선생의 일생에 다 맞히지 못하신 모든 사업을 우리는 이어서 성공하려 하나이다. 오호. 우리의 선생이시여.

한편 동산의 1주기 추도식 때에는 조선형평사총본부에서도 애도문을 보내왔는데, 여기에는 동산을 '동지'라고 표현하

1993년 광복절에 제막한 협동학교사적비(안동독립운동기념관 경내)

여 친근감을 나타내었다.

동산은 선영에 영면하였다. 1965년 그를 기념하기 위한 '동산선생기념사업회'가 조직되어 《동산문고》를 발행하였다. 이후 1978년 《대동사》와 《대동시사》를 모아 《동산전집》으로 간행하였는데, 상권은 《대동사》를, 하권은 《동산문고》와 《대동시사》 등을 묶어 간행하였다. 동산은 생전부터 안동을 넘어 전국적 지도자로서 크게 주목받던 인물이나, 그에 대한 연구는 《동산전집》의 간행을 계기로 비로소 주목받기 시작하였다. 같은 해에 영남대학교에서 제4회 국사학과 학술강연회를 동산을 주제로 개최하였는데, 이 강연회에서는 〈동산

2002년 독립기념관에 건립된 〈동산 류인식 선생 어록비〉

사학의 특성에 대하여〉(이우성, 성균관대 교수), 〈생애와 사상에 대하여〉(송찬식, 국민대 교수), 〈사회적 활동에 대하여〉(오세창, 영남대 교수)라는 주제 발표가 있었다.

동산은 1982년 정부로부터 일제 강점기 문화운동을 통한 독립운동의 공적을 인정받아 대한민국건국훈장 독립장에 추서되었다. 1993년에는 묘소에 묘비를 세웠고, 같은 해 광복절에 협동학교 옛 터에 협동학교 사적비가 세워졌다. 사적비문은 당시 조동걸 국민대학교 교수가 짓고 서울대학교 박병호 교수가 글씨를 썼다.

1995년 12월 6일에는 안동문화회관 대강당에서 성균관유도회 안동지부와 안동향교가 주최하고 안동청년유도회가 주관하는 동산류인식선생학술강연회가 개최되어 〈동산의 혁구유신지도 간개〉(김주한, 영남대 교수), 〈동산 류인식의 독립운동〉(김희곤, 안동대 교수), 〈동산 류인식의 애국계몽사상〉(신구현, 영남대 교수)이라는 주제 발표가 있었다.

2002년 5월 3일에는 독립운동의 상징적 공간인 천안 독립기념관 경내에 〈동산 류인식 선생 어록비〉가 제막되었다. 국민대학교 조동걸 교수를 추진위원장으로 하여 건립된 어록비에는 동산이 협동학교 학생들을 위해 지은 〈험난〉과 〈차야한십절〉 가운데 한 구절이 수록되어 그의 애국충절을 기리고 있다.

류인식의 묘소와 묘비. 2005년 국립대전현충원 애국지사 묘역으로 이장하였다.

그의 묘소는 2005년 10월 28일 국립대전현충원 애국지사 묘역으로 옮겨 나라에서 관리하고 있다(애지 제3 - 200). 이곳의 묘비에는 김용직 서울대학교 명예교수가 지은 비문이 새겨져 있다. 김용직은 1923년 조선노동연맹회 중앙집행위원으로 활동하다가 귀향하여 풍산소작인회와 화성회를 결성하는 데 주도적 역할을 하였고, 1926년에는 고려공산청년회 안동야체이카를 조직하는 등 서울과 안동의 민족운동을 주도한 김남수의 아들로서, 비문의 내용은 아래와 같다.

나라 겨레 소명 받아 새 시대를 열어낸 분
침략자의 폭압에도 몸을 던져 항거했고
민중 계도 근대화에 횃불 올려 앞서셨다
간도 땅 삼남 길목 독립만세 외친 서울
의를 위해 뿌린 피는 해와 달이 지켜가리

2007년 8월 10일, 동산이 협동학교를 세워 안동의 근대화를 이끌어 나갔던 바로 그 자리에 안동독립운동기념관이 우뚝 섰다. 비로소 보수의 완고한 고장 안동에서 혁신을 부르짖은 '민중의 선각자' 동산에 대한 역사적 평가가 자리매김 되었다고 할 수 있다. 그러나 그가 일제 강점기에 온 몸으로 부

딪치며 깨뜨리고자 한 시대적 소명이 있듯이, 오늘의 우리들
에게는 동산의 유지를 현대적으로 계승하여 수행해야 할 과
제가 남아 있지는 않는가?

연도(나이)	주 요 사 항
1865(1)	• 5월 3일 안동시 예안면 주진리 삼산마을에서 류필영(柳必永)과 청주 정씨(淸州 鄭氏) 사이에서 2남 1녀 가운데 장남으로 태어남 • 본관은 전주(全州), 자는 성래(聖來), 호는 동산(東山). 뒤에 큰집 9촌 아저씨 기영(祈永)의 아들로 입양됨
1874(10)	• 어려서 조부(성진)에게서 한학을 수학하며 기발한 경전과 역사 해석으로 주변을 놀라게 하고, 동산이라는 자기의 호를 스스로 지음 • 〈유항우열론(劉項優劣論)〉을 지음
1877(13)	• 척암 김도화의 문하에서 수학
1893(29)	• 과거를 보러 상경하였다가 과거제도와 조정의 부패상을 보고 응시를 단념하고 귀향하여 두문불출하며 학문에만 전념함
1895(31)	• 을미사변과 단발령 공포에 분개하여 청량산에서 의병 봉기 • 의병 실패 후 은거한 채 국권회복운동 방법 모색
1903(39)	• 성균관 유학을 위해 상경하였다가 류근·장지연·신채호 등과 교유하였고, 특히 신채호를 통해 개화사상에 눈을 뜨고 사상 전회 • 단발을 하고 귀향하여 계몽운동 시작
1907(43)	• 김동삼·이상룡·김후병 등과 함께 신식 교육기관 협동학교를 세우는 데 주도적 역할을 함 • 11월 대한협회 발기인 참여

1908(44)	• 자기 집의 노비를 해방시킴 • 자신을 파문한 스승 김도화에게 자신의 심경을 밝히는 장문의 편지 〈상김척암선생(上金拓菴先生)〉을 보냄 • 3월 14일 교남교육회(교남학회) 조직에 참가
1909(45)	• 9월 이상룡 등과 대한협회 안동지회 설립
1910(46)	• 7월 18일 안동·예천·영주 등지에서 활동하던 의병이 화승총 등으로 무장하고 협동학교를 습격하여 교감 김기수와 교사 안상덕, 서기 이종화를 사살하는 불상사 발생
1911(47)	• 신민회의 결정에 따라 이상룡·김대락·김동삼 등 안동의 동지들과 협의하여 만주로 망명 • 4월 유하현 삼원포에서 결성된 경학사의 교무부장에 선임
1912(48)	• 7월 일시 귀국하였다가 일제에 피체 • 《대동사(大東史)》 저술에 착수 • 협동학교를 임동면 수곡동 한들의 정재 종택으로 옮김
1913(49)	• 대종교 가입
1917(53)	• 협동학교 교장에 재취임 • 《대동사》 초고 완성, 그러나 1920년 이후에도 계속 수정·보완
1919(55)	• 3·1운동으로 일제의 탄압을 받아 협동학교 장기 휴교 뒤 폐교
1920(56)	• 1월 10일 3·1운동이 좌절되고 난 뒤의 심경을 읊은 〈차야한십절(此夜寒十絶)〉 지음 • 1월 지난해 겨울 신학(新學)을 공부하는 이원박과 김동택이 구학과 신학에 대해 질의한 내용을 정리하여 〈학범(學範)〉 저술 • 6월 20일 조선교육회 발기인 참여 • 9월 조선노동공제회 안동지회 조직 지원

1921(57)	• 교남학관 설립 추진
1922(58)	• 4월 26일 8개 군 연합고등보통학교 기성회 창립총회 지원
1923(59)	• 3월 29일 민립대학기성회 창립총회에서 중앙부 집행위원으로 피선 • 5월 민립대학기성회 경상도 순회위원으로서 김천·대구·경산·청도·밀양·삼랑진·창원·진주·하동·마산 등지를 순회하며 지방부 설립에 힘쓰고, 이를 《남정일록(南征日錄)》에 일지 형식으로 기록 • 〈김사기오(金史記誤)〉 저술 • 안동의 물산장려운동 지도 • 안동의 형평운동 지도
1924(60)	• 11월 부친 상, 이듬해 3월 유림장으로 장례 거행 • 겨울 《대동시사(大東詩史)》 저술
1925(61)	• 부인과 장남 준희 사망
1927(63)	• 8월 26일 신간회 안동지회 초대 회장에 피선 • 차남 윤희 사망 • 겨울에 와병
1928(64)	• 4월 29일 자택에서 사거 • 5월 21일 일제가 사회장과 신간회장을 불허하여 보통으로 장례 거행
1929	• 5월 8일 1주기 추도식 거행
1965	• 동산선생기념사업회 조직, 《동산문고》 출간
1978	• 《동산전집》 상·하권 출간 • 영남대학교 국사학과에서 동산을 주제로 학술강연회 개최
1982	• 대한민국건국훈장 독립장 추서

1993	• 7월 29일 묘소에 묘비 건립 • 8월 15일 협동학교 터에 사적비 건립
1995	• 12월 6일 성균관유도회 안동지부와 안동향교 공동 주최로 안동문화회관에서 〈동산 류인식 선생 학술강연회〉 개최
2002	• 5월 3일 천안 독립기념관 경내에 동산 류인식 선생 어록비 제막
2005	• 10월 28일 국립대전현충원 애국지사 묘역으로 이장 (애지 제3-200)
2006	• 안동 한국국학진흥원에서 《대동사》 등초본을 표점 영인하여 상·하권으로 출판
2007	• 8월 10일 협동학교 자리에 안동독립운동기념관 개관